원어해설 잠언 강해

– 잠언 직역 큐티

원어해설 잠언 강해
- 잠언 직역 큐티

1판 인쇄일 _ 2025년 9월 22일
1쇄 발행일 _ 2025년 9월 29일

지은이 _ 김상수
펴낸이 _ 한치호
펴낸곳 _ 종려가지
등록 _ 제311-2014-000013호(2014. 3. 20)
주소 _ 서울특별시 은평구 은평로 14길, 9-5
　　　전화 02. 359. 9657
디자인 _ 표지 이순옥 / 본문 구본일
제작대행 _ 세줄기획/ 전화 02. 2265. 3749
영업대행 _ 두돌비(02.964.6993)

값 21,000 원

ISBN 979-11-992100-7-3

ⓒ 2025, 김상수

잘못 만들어진 책은 구입하신 서점에서 바꾸어 드립니다.
책의 주문 및 영업에 대한 문의는 영업대행으로 해주십시오.
문서사역에 대한 질문은 010. 3738. 5307로 해주십시오.

* 저자 연락처 010-4586-9892

원어해설 잠언 강해

– 잠언 직역 큐티

김상수 목사 지음

문서사역
|종|려|가|지|

추천사 1

　나는 오늘날에도 종교개혁이 일어날 수 있는지 자주 질문을 받는다. 그런 질문을 받을 때마다 일어날 수 없다고 한 마디로 딱 잘라 말한다.
　다각적인 이유가 많이 있겠지만 그 가운데 하나는 문서와 관련된 것이다. 그 시대는 인쇄술이 우리보다 훨씬 못 미치는 상황이었음에도 불구하고, 유럽 각지에서 개혁의 기치를 따르는 인물들이 자국어로 다양한 성경을 번역하여 출판하는 데 앞을 다투었다. 게다가 성경 번역과 함께 신교 목회자들이 혼신의 힘을 다해서 성경을 풀어내는 글을 써서 출판하였다.
　이와 달리, 오늘날 교회는 성경을 새롭게 번역하는 데 힘쓰지 않을 뿐 더러 목회자들은 성경을 해설하는 글을 내는 데 힘쓰지 않는다. 이런 실정에서 무슨 종교개혁이 일어나겠는가?

　금 번에, 성경 원문을 직역하면서 풀이한 김상수 목사님의 해설서가 세상에 빛을 보았다. 목사님은 신학교 시절부터 지금까지 42년 세월을 원문과 씨름하면서 성경을 연구하였다.

그는 성경 원문이 골수까지 배여 있는 분으로 우리말 어법을 따르는 매끄러운 번역보다 원문의 느낌을 되도록 그대로 살리는 번역에 충실하다. 때때로 이런 번역이 쉽게 읽히지는 않을지 모르겠으나 성경의 진의를 파악하는 데는 훨씬 유익하다는 사실을 놓치면 안 된다. 단번에 이해되지 않기에 곱씹어 볼만하지 않은가.

또한 목사님의 해설은 본문을 우리의 현실에 적용하고 있다는 점에서 큰 공헌을 한다. 그는 단어와 문장을 세세하게 따지는 것보다 전체 문맥의 의미를 우리의 처지에서 드러내는 데 주력한다. 이렇게 하여 성경은 옛날의 문서가 아니라 오늘의 설교로 변한다.

한 마디로 말해서 그의 해설을 읽으면 믿음으로 살도록 고무하는 뜨거운 감동을 느끼게 된다. 이런 의미에서 김상수 목사님의 성경 원문 직역 해설은 종교개혁을 우리 시대로 연장시키는 놀라운 도구임에 틀림없다.

조 병 수
합동신학대학원대학교 총장 역임 / 명예교수
프랑스 위그노 연구소 대표

추 | 천 | 사 | ②

　사랑하고 존경하는 김상수 목사님께서 매일 아침마다 변함없이 카톡으로 하나님의 귀한 말씀을 배달해 주고 있습니다.
　이 말씀을 읽으면서 하루 일과를 시작 하면 영적으로 든든하고 너무 소중한 하루가 되고 있습니다.
　이 말씀의 특징은 원문주해 뿐 아니라 본문을 깊이 연구해서 하나님의 뜻을 잘 드러내고 적용까지 아주 쉽게 해줘서 누구나 쉽게 접할 수 있습니다.
　따라서 말씀을 연구하는 목회자들에게나 신학생들, 해외 선교사들과 모든 성도들에게 큰 도움이 될 것으로 여겨져 적극 추천 하고 싶습니다.
　감사합니다.

이 주 형
목사 / 오정성화교회 / 합신 증경 총회장

추천사 ③

저는 오늘날 조국교회의 가장 시급한 과제는 교회의 강단개혁이라고 믿는다. 강단개혁은 자신의 심령을 날마다 개혁함을 의미한다.

이미 신학을 공부한 목사, 선교사는 계속 자기 자신을 업그레이드 해야 한다. 갓 구워낸 빵과 시원한 생수를 날마다 목사와 선교사는 먹고 마셔야 한다. 이것은 그냥 구호로 되는 것이 아니다. 그야말로 주입(eisegesis)이 아니라, 원액의 말씀을 주해(exegesis)해야 한다.

전세계 선교사들의 카톡방, SNS에는 하루에도 수많은 말씀묵상, 성경해석, 개인묵상의 글들이 쏟아져 나온다. 솔직히 필자는 그런 글에는 눈길도 주지 않는다. 함량미달의 글들에 너무 많아 식상했다.

그런데 김상수(주명교회) 목사의 글은 참으로 신선하였다. 순수한 원액의 말씀이다.

그는 신학교를 졸업한 후에도 지난 30여 년간 오로지 원어연구에 올인하였다. 그의 묵상의 글을 여러 사람과 나누게 된 것도 " 한 영혼"을 먹이기 위함에서 비롯되었다.

14년 전, 김 목사가 섬기는 교회의 청년 중 한 청년은 직장이 늦게 끝나게 되어 성경공부 모임에 참여하지 못하였다. 그 한 청년을 개인 양육하기 위해 묵상 글을 쓰게 된 것이다. 이 얼마나 아름다운 선한 목자의 마음 인가?

세 가지 면에서 나는 김상수 목사의 성경원문 직역 카톡 묵상집을 적극 추천하고 싶다.

첫째는, 그의 성경원문 직역을 읽으며 하나님의 본심을 느끼게 한다. 때로는 투박스러운 번역 같지만 그 안에 "생명의 빛" 이 보이며 들리는 것 같아 너무나 좋다.

둘째는, 성경 1장을 전체 문맥을 꿰뚫으면서 하나님의 뜻을 밝히 드러내는 묵상이 돋보인다. 성경읽기의 가장 중요한 원칙은 "영적으로/성경 그 자체를 읽는 것"이다. 곧 성령님의 영감을 받아 읽어야 한다는 뜻이다. 성경은 "오직 성령께서 가르치신 것으로 하니 영적인 것은 영적인 것으로 분별"(고전 2:13)하기 때문이다.

마지막으로, 김 목사의 간결한 글쓰기가 너무 시원시원하여 좋다. 시각적으로 읽히는 글이다. 그리고 묵상한 말씀으로 하나님께 올려 드리는 마무리 기도 또한 압권이다.

배 안 호
선교사 / GMS, 파라과이

서문

하나님의 부르심 가운데 42년 전, 수원의 합동신학원에서 개혁신학을 접하게 하셨습니다. 30여 년의 연단 후에, 하나님의 섭리 가운데 직장의 늦은 퇴근으로 성경공부 그룹에 들어오지 못하는, 섬기는 교회의 청년을 양육하기 위해 카톡으로 성경직역 원문강해가 시작되었습니다.

14년 동안 하루도 거를 수가 없었습니다. 하나님께서 강권하시는 역사 가운데 말씀으로 저를 사로잡아주셨기 때문입니다.

주명교회 성도들과 예수 그리스도 안에서 함께 지어져 가는 수많은 지체들에게 성경 66권의 진리를 드러낼 수 있도록 은혜를 주신 삼위일체 하나님께 영광을 돌립니다.

연약한 저를 위해 기도하시는 수많은 지체들에게 감사드립니다. 하나님의 은혜와 말씀을 사랑하고 사모하는 지체들의 뜨거운 요청에 힘입어 카톡 큐티로 쓴 성경직역 원문 강해서를 출판하게 되었습니다. 역사적인 전통적 교회의 입장인 성경론과 신론, 인죄론 기독론 구원론과 교회론을 터로 삼았습니다.

역사적으로 검증되고 공적으로 선포된 초대 교부들의 표준문서와 16세기, 17세기에 걸친 종교개혁자들의 표준문서를 울타리로 삼았습니다.

- 원문에 근거한 문법적 해석을 했습니다.
- 성경에 나타난 각 시대의 역사적 상황과 교회사를 고려 했습니다.

- 성령님의 조명으로 현 시대에 알맞게 적용하려고 했습니다.
- 성경 66권에서 말씀 하시는 바른 교리, 바른 예배와 바른 교회법을 드러내기 위해 힘썼습니다.

성경 66권에서 가르치시는 인생의 본분인 하나님을 영화롭게 하고 하나님을 기뻐하고 즐거워 하며 하나님을 경외하고 하나님 말씀에 순종하며 삼위 일체 하나님과 예수 그리스도와의 거룩한 다스림에 날마다 참여되며 삼위일체 하나님과 예수 그리스도를 날마다 알아가고 닮아가는 우리들이 되기를 소원하는 마음으로 썼습니다.

하나님의 창조와 재창조의 사역과 성자 하나님의 구속사역과 성령 하나님의 성화와 은총 가운데서 잃어버린 양들을 찾고 잃어버린 양들을 하나님께서 받으시는 산제물이 되게 하시는 거룩한 사역에 참여되는 우리 모두가 되기 위하여 썼습니다.

지체들의 성원에 힘입어 '사무엘이야기'를 내어 놓게 되었습니다. 헌신하신 주명교회 성도님들과 사랑하는 아내와 아들과 종려가지 출판사 대표이신 한치호 목사님과 평창의 백기호 목사님께 깊은 감사를 드립니다.

예수 그리스도 안에서 더불어 함께 지어져 가는 모든 공시적 보편된 교회와 그 지체들에게 카톡 큐티로 쓴 성경직역 원문강해서를 바칩니다.

오직 하나님께 영광 돌립니다.

2025년 8월

김 상 수

목사 / 대한예수교장로회 주명교회

차례

추천사1 • **조병수** … 5

추천사2 • **이주형** … 7

추천사3 • **배안호** … 8

서문 … 10

잠언 1장 1~6절 … 15

잠언 1장 7~19절 … 18

잠언 1장 20~33절 … 21

잠언 2장 1~9절 … 25

잠언 2장 10~22절 … 28

잠언 3장 1~20절 … 30

잠언 3장 21~26절 … 34

잠언 3장 27~35절 … 37

잠언 4장 1~9절 … 40

잠언 4장 10~19절 … 43

잠언 4장 20~27절 … 45

잠언 5장 1~14절 … 48

잠언 5장 15~23절 … 52

잠언 6장 1~5절 … 55

잠언 6장 6~11절 … 58

잠언 6장 12~15절 … 60

잠언 6장 16~19절 … 62

잠언 6장 20~35절 … 66

잠언 7장 1~5절 … 70

잠언 7장 6~27절 … 72

잠언 8장 1~11절 … 75

잠언 8장 12~21절 … 78

잠언 8장 22~31절 … 80

잠언 8장 32~36절 … 84

잠언 9장 1~6절 … 87

잠언 9장 7~12절 … 90

잠언 9장 13~18절 … 93

잠언 10장 1절~7절 … 95

잠언 10장 8~14절 … 97

잠언 10장 15~24절 … 100

잠언 10장 26~32절 … 103

잠언 11장 1~8절 … 106

잠언 11장 9~15절 … 109
잠언 11장 16~31절 … 111
잠언 12장 1~8절 … 115
잠언 12장 9~12절 … 118
잠언 12장 13~23절 … 120
잠언 12장 24~28절 … 123
잠언 13장 1~3절 … 125
잠언 13장 4~13절 … 127
잠언 13장 14~25절 … 130
잠언 14장 1~10절 … 133
잠언 14장 11~17절 … 136
잠언 14장 18~24절 … 138
잠언 14장 25~35절 … 140
잠언 15장 1~10절 … 143
잠언 15장 11~18절 … 146
잠언 15장 19~24절 … 149
잠언 15장 25~33절 … 151
잠언 16장 1~9절 … 154
잠언 16장 10~15절 … 157
잠언 16장 16~20절 … 160
잠언 16장 21~26절 … 162

잠언 16장 27~33절 … 165
잠언 17장 1~7절 … 167
잠언 17장 8~14절 … 170
잠언 17장 15~20절 … 172
잠언 17장 21~28절 … 175
잠언 18장 1~8절 … 177
잠언 18장 9~16절 … 180
잠언 18장 17~24절 … 183
잠언 19장 1~7절 … 185
잠언 19장 8~14절 … 187
잠언 19장 15~22절 … 190
잠언 19장 23~29절 … 193
잠언 20장 1~8절 … 195
잠언 20장 9~15절 … 198
잠언 20장 16~23절 … 200
잠언 20장 24~30절 … 203
잠언 21장 1~8절 … 205
잠언 21장 9~15절 … 208
잠언 21장 16~23절 … 210
잠언 21장 24~31절 … 213
잠언 22장 1~8절 … 215

잠언 22장 9~16절 … 218
잠언 22장 17~29절 … 220
잠언 23장 1~14절 … 223
잠언 23장 15~35절 … 2267
잠언 24장 1~9절 … 228
잠언 24장 10~20절 … 230
잠언 24장 21~34절 … 232
잠언 25장 1~12절 … 234
잠언 25장 13~19절 … 236
잠언 25장 20~28절 … 238
잠언 26장 1~9절 … 241
잠언 26장 10~17절 … 244
잠언 26장 18~28절 … 247
잠언 27장 1~8절 … 250
잠언 27장 9~17절 … 252
잠언 27장 18~27절 … 254
잠언 28장 1~7절 … 256

잠언 28장 8~14절 … 259
잠언 28장 15~21절 … 262
잠언 28장 22~28절 … 265
잠언 29장 1~7절 … 267
잠언 29장 8~14절 … 269
잠언 29장 15~21절 … 271
잠언 29장 22~27절 … 273
잠언 30장 1~6절 … 275
잠언 30장 7~14절 … 278
잠언 30장 15~33절 … 280
잠언 31장 1~9절 … 283
잠언 31장 10~16절 … 285
잠언 31장 17~23절 … 288
잠언 31장 24~31절 … 291

**이 책의 출판소식에
전해온 찬사들** … 295

잠언 1장 1~6절

> "이는 지혜와 훈계를 알게 하며, 명철의 말씀을 깨닫게 하고"(잠 1:2, 개역개정판)
>
> "(이것은) 지혜와 훈계를 알게 하고 명철의 말씀을 깨닫게 하며"(잠 1:2, 원문직역)

잠언 1장 1~6절에는 하나님께서 솔로몬에게 주신 "마솰"(잠언)의 목적이 기록되어 있습니다.

"마솰"(잠언)이라는 단어는 "같은", "묘사하는"이라는 어간에서 유래된 것으로 속담이나 격언보다 더 깊고 넓은 의미인 계시의 진리를 가르칩니다. 솔로몬의 "마솰"(잠언)은 성령님의 감동으로 쓴 계시의 진리입니다.

하나님께서 솔로몬을 가지시고 "마솰"(잠언)을 주신 목적은?

첫째, "호크마"(지혜)를 알게 하기 위함입니다.
  "이는 지혜와"(잠 1:2상)

"마솰(잠언)에서 말씀하는 "호크마"(지혜)에는 2가지의 요소가 있습니다.
1) 구원에 이르게하는 신령한 지식인 신령한 지혜입니다.
2) 현실에 대한 바른 사실 확인과 사실 판단 위에서 진리와 지식으로 가치 판단을 해서 최상의 결정이 무엇인지 파악하는 단계의 지식이 지혜입

니다.

둘째, "무사르"(경건의 훈련)를 알게 하기 위함입니다.
"훈계를 알게 하며,"(잠 1:2중)

"무사르"(경건의 훈련)는 성령님의 감동과 감화의 은총 가운데 예수 그리스도 안에서 바른 믿음으로 하나님께 바른 예배(생활 예배와 의식 예배)를 드리는 삶을 가르칩니다.

셋째, 옛 은혜 언약(구약)과 새 은혜 언약(신약)의 말씀을 깨닫게 하기 위함입니다.
"명철의 말씀을 깨닫게 하고,"(잠 1:2하)

넷째, "사칼 무사르"(지혜로운 경건의 훈련)로 "체데크"(의)와 "미쉬파트"(공의)와 "메이솨림"(정직)을 받게 하기 위함입니다.
"지혜와 정의와 공의와 공평의 훈계를 받게 하며,"(잠 1:3)

경건의 훈련의 목적은 마음과 목숨과 힘과 뜻을 다하여 하나님을 사랑하고 이웃을 내 몸처럼 사랑하게 하기 위함입니다.

다섯째, "페타임"(어리석은 자)에게 영리함을 주기 위함입니다.
"우매한 자에게는 슬기를,"(잠 1:4상)

여섯째, "나아르"(청년)에게는 "다아트"(지식)과 "메짐마"(신중함)를 주기 위함입니다.

"청년에게는 지식과 분별력을 주는 것이라."(잠 1:4하)

일곱째, "하캄"(지혜 있는 사람)이 있는 사람은 "레카흐"(통찰력)를 더하게 하기 위함입니다.

"현명한 사람은 듣고 학식을 늘릴 것이요,"(잠 1:5상)

여덟째, "빈"(이해력 있는 사람)이 있는 사람은 "타흐블로트"(방향성, 전략, 지략)을 얻게 하기 위함입니다.

"명철한 사람은 현명한 조언들을 얻으리니,"(잠 1:5하)

아홉째, 다른 잠언들 즉 심오한 진리의 말씀들을 깨닫게 하기 위함입니다.

"이는 잠언과 그 해석을 깨닫고 현명한 자의 말들과 그들의 난해한 말들을 깨닫게 하는 것이라."(잠 1:6)

스스로 존재하시고 스스로 살아계시고 스스로 계시이시고 스스로 지혜이시고 스스로 능력과 작용이신 삼위일체 하나님은 절대적이고 완전하시고 영원하시고 불변하시고 무한하신 선의 속성을 가지고 계신 분입니다.

그러므로 성삼위 하나님의 은혜로 "마샬"(잠언)를 주신 하나님을 사랑하며 하나님을 영화롭게 하는 우리 모두가 되기를 기도합니다.

잠언 1장 7~19절

> "여호와를 경외하는 것이 지식의 근본이거늘 미련한 자는 지혜와 훈계를 멸시하느니라"(잠 1:7, 개역개정판)
>
> "여호와를 경외하는 것이 지식의 시작이다. 지혜와 훈계를 어리석은 자들은 멸시한다"(잠 1:7, 원문직역)

잠언 1장 7~19절은 지혜로운 사람의 삶과 어리석은 자의 삶에 대하여 가르치고 있습니다.

지혜로운 사람의 삶은?

첫째, 하나님을 "야레"(경외)하는 삶입니다.
 "여호와를 경외하는 것이 지식의 근본이거늘"(잠 1:7상)

하나님을 "야레"(경외)하는 삶은?
1) 선하고 거룩한 위치에서 하나님을 두려워하는 삶입니다.
2) 하나님을 신뢰하며 겸손한 위치에서 하나님께 나아가 하나님의 말씀을 듣고 순종하는 삶입니다.

둘째, "호크마"(지혜)를 소중히 여기는 삶입니다.
 "미련한 자는 지혜와"(잠 1:7중)

구원의 지식인 하나님과 나를 아는 두 지식과 하나님에 대한 이중 지식인

삼위일체 하나님과 예수 그리스도를 아는 지식이 지혜입니다.

셋째, "무사르"(경건의훈련, 교훈, 훈계)를 소중히 여기는 삶입니다.
"훈계를 멸시하느니라"(잠 1:7하)

넷째, 아버지의 훈계를 듣고 어머니의 가르침을 소중히 여기는 삶입니다.
"내 아들아 네 아비의 훈계를 들으며 네 어미의 법을 떠나지 말라 이는 네 머리의 아름다운 관이요 네 목의 금 사슬이니라"(잠 1:8~9)

아버지의 훈계와 어머니의 가르침의 이미지는?

1) 믿음의 아버지인 아브라함으로부터 나의 부모에게까지 계승된 언약의 말씀으로 사는 삶입니다.
"내 아들아 네 아비의 훈계를 들으며 네 어미의 법을 떠나지 말라"(잠 1:8)

2) 하나님 나라의 거룩한 경륜인 하나님 아버지의 부성적 사랑과 예수 그리스도의 공로(의)로 지어져가는 구속사를 자신의 세계관으로 여기고 하나님의 영원한 작정의 첫머리인 하나님의 영광을 드러내는 것을 자신의 삶의 가치와 기준과 표준과 상식과 문화가 되는 삶입니다.
"이는 네 머리의 아름다운 관이요 네 목의 금 사슬이니라"(잠 1:9)

어리석은 자의 삶은?

첫째, 하나님을 두려워하지 않습니다.
"여호와를 경외하는 것이 지식의 근본이거늘"(잠 1:7상)

둘째, 하나님 말씀에 순종하지 않습니다.

"미련한 자는 지혜와 훈계를 멸시하느니라"(잠 1:7하)

셋째, 세상 나라의 가치관으로 살아갑니다.
"내 아들아 네 아비의 훈계를 들으며 네 어미의 법을 떠나지 말라"(잠 1:8)

넷째, 이익을 자신의 삶의 가치와 근본으로 삼는 삶입니다.(잠 1:10~19)
"내 아들아 악한 자가 너를 꾈지라도 따르지 말라"(잠 1:10)
"우리가 온갖 보화를 얻으며 빼앗은 것으로 우리 집을 채우리니"(잠 1:13)
"내 아들아 그들과 함께 길에 다니지 말라 네 발을 금하여 그 길을 밟지 말라"(잠 1:15)
"이익을 탐하는 모든 자의 길은 다 이러하여 자기의 생명을 잃게 하느니라"(잠 1:19)

지혜로운 사람의 삶의 결국은 과일에 과즙이 가득한 것과 같은 아름다운 삶입니다.
"이는 네 머리의 아름다운 관이요 네 목의 금 사슬이니라"(잠 1:9)

어리석은 자의 삶의 결국은 자신의 내적 생명을 잃어버리고 자신의 삶의 기반을 스스로 무너뜨리고 미래를 스스로 닫아버리는 비참함과 참담함입니다.
"이익을 탐하는 모든 자의 길은 다 이러하여 자기의 생명을 잃게 하느니라"(잠 1:19)

그러므로 성삼위 하나님의 은혜로 지혜로운 사람의 길을 걸어가며 하나님을 영화롭게 하는 우리 모두가 되기를 기도합니다.

잠언 1장 20~33절

> "나의 책망을 듣고 돌이키라 보라 내가 나의 영을 너희에게 부어 주며 내 말을 너희에게 보이리라"(잠 1:23, 개역한글판)
>
> "너희는 나의 책망으로 돌아오라. 내가 너희에게 내 영을 부을 것이다. 내가 내 말들을 너희에게 알게 할 것이다"(잠 1:23, 원문직역)

잠언서 1장 20~33절에는 지혜를 거부하는 자와 지혜를 받아들이는 사람에 대한 말씀이 기록되어 있습니다.

"호크마"(지혜)는 진리의 영인 성령, 하나님의 영, 예수님의 영, 하나님, 예수님을 표상합니다.

20절에 나오는 "호크모트"(지혜)는?
1) 하나님 아들에 대한 대명사로 예수님을 표상합니다.
   "지혜가 길거리에서 부르며 광장에서 소리를 높이며"(잠 1:20)
   "지혜는 자기의 모든 자녀로 인하여 옳다 함을 얻느니라"(눅 7:35)

2) "호크마의"복수 명사인 "호크모트"는 일반 은총의 말씀과 특별 은총의 말씀을 표상하기도 합니다.
   "호크모트"(지혜)는 모든 사람에게 모든 곳에서 소리를 높이고 말들을 합니다.

"지혜가 길거리에서 부르며 광장에서 소리를 높이며 시끄러운 길목에서 소리를 지르며 성문 어귀와 성중에서 그 소리를 발하여 이르되"(잠 1:20~21)

"호크모트"(지혜)를 거부하는 자들은?

첫째, "페타임"(단순한 자, 미숙한 자, 어리숙한 자)한 사람입니다.
"너희 어리석은 자들은 어리석음을 좋아하며"(잠 1:22상)

"페타임"에 속한 사람은 참과 거짓과 진리와 비진리에 대한 사리분별이 없고 하나님 나라에 대한 바른 세계관이 없는 사람입니다.
"페타임"에 속한 사람이 회개하지 않고 고집을 부리고 살면 배교행위로 스스로 자신의 내적 생명을 죽이게 됩니다.
"어리석은 자의 퇴보는 자기를 죽이며"(잠 1:32상)

둘째, "레침"(비웃는 자들, 오만한 자들)한 자들 입니다.
"거만한 자들은 거만을 기뻐하며"(잠 1:22중)

"레침"(비웃는 오만한 자들)은 자신은 더 배울 것이 없다고 말하며 "호크모트"(지혜)를 거부하고 멸시합니다.

셋째, "케실림"(우둔한 자들, 어리석은 자들)한 자들입니다.
"미련한 자들은 지식을 미워하니 어느 때까지 하겠느냐"(잠 1:22하)

"케실루트"(미련하고 어리석은 자)는 고의적으로 "호크모트"(지혜)를 거부하고 고의적으로 죄를 짓는 우매한 사람입니다.
"케실루트"(미련하고 어리석은 자)에 속한 사람이 회개하지 않고 계속해서 안

일하게 살면 스스로 자신을 멸망시킬 것입니다.

"미련한 자의 안일은 자기를 멸망시키려니와"(잠 1:32하)

넷째, "페타임"(단순한 자들)과 "레침"(조롱하는 오만한 자들)과 "케실림"(미련하고 어리석은 자)은 속히 회개하고 "호크모트"(지혜)에게 돌아와야 합니다.(잠 1:23~32)

"나의 책망을 듣고 돌이키라 보라 내가 나의 영을 너희에게 부어 주며 내 말을 너희에게 보이리라"(잠 1:23)

"너희의 두려움이 광풍 같이 임하겠고 너희의 재앙이 폭풍 같이 이르겠고 너희에게 근심과 슬픔이 임하리니 그 때에 너희가 나를 부르리라 그래도 내가 대답하지 아니하겠고 부지런히 나를 찾으리라 그래도 나를 만나지 못하리니"(잠 1:27~28)

"그러므로 자기 행위의 열매를 먹으며 자기 꾀에 배부르리라 어리석은 자의 퇴보는 자기를 죽이며 미련한 자의 안일은 자기를 멸망시키려니와"(잠 1:31~32)

하루를, 한 달을, 일 년을, 십년을 아무 일 없이 편안하게 산다고 마음 놓아서는 안 됩니다.

하나님의 오래 참으심을 무시해서는 안 됩니다.

정말 큰 일 납니다.

"혹 네가 하나님의 인자하심이 너를 인도하여 회개하게 하심을 알지 못하여 그의 인자하심과 용납하심과 길이 참으심이 풍성함을 멸시하느냐 다만 네 고집과 회개하지 아니한 마음을 따라 진노의 날 곧 하나님의 의로우신 심판이 나타나는 그 날에 임할 진노를 네게 쌓는도다"(롬 2:4~5)

"호크모트"(지혜)를 따라 사는 사람은?

첫째, 생명 얻는 회개의 은총 가운데 살아갑니다.

"나의 책망을 듣고 돌이키라"(잠 1:23상)

날마다 죄 죽이기와 영 살리기를 하며, 하나님의 형상을 회복합니다.

둘째, 자신의 마음속에 솟아나는 성령님의 은총이 임합니다.
"보라 내가 나의 영을 너희에게 부어 주며"(잠 1:23중)
"내가 주는 물을 마시는 자는 영원히 목마르지 아니하리니 내가 주는 물은 그 속에서 영생하도록 솟아나는 샘물이 되리라"(요 4:14)

셋째, 성령님의 은총으로 하나님 말씀을 깨닫게 됩니다.
"내 말을 너희에게 보이리라"(잠 1:23하)

넷째, 진리의 말씀을 사랑하게 됩니다.
"대저 너희가 지식을 미워하며"(잠 1:29상)

다섯째, 하나님을 경외하게 됩니다.
"여호와 경외하기를 즐거워하지 아니하며"(잠 1:30하)

여섯째, 하나님 나라 속에서 평강의 은총을 누리며 살아가게 됩니다.
"오직 내 말을 듣는 자는 평안히 살며 재앙의 두려움이 없이 안전하리라"(잠 1:33)

하나님의 자녀들은 삼위일체 하나님의 은혜로 "호크모트"(지혜)를 따라 살아가게 됩니다. "호크모트"(지혜)를 따라 사는 것은 하나님 나라 백성 된 표이고 하나님 자녀의 표입니다.
그러므로 성삼위 하나님의 은혜로 "호크모트"(지혜)를 따라 살며 하나님을 영화롭게 하는 우리 모두가 되기를 기도합니다.

잠언 2장 1~9절

> "은을 구하듯이 지식을 구하며 숨겨진 보물들을 찾듯이 명철을 찾는다면"(잠 2:4, 개역개정판)
>
> "만일 네가 그것을 은같이 구하며 그리고 네가 그것을 감추어진 보물처럼 찾는다면"(잠 2:4, 원문직역)

잠언 2장 1~9절에는 지혜를 얻는 방법과 지혜를 얻은 결과에 대한 말씀이 기록되어 있습니다.

지혜를 얻는 방법은?

첫째, 성령님의 은혜로 하나님 말씀을 듣고 깨닫고 생각에 기록하고 마음판에 새기고 말씀에 다스림을 받으며 순종해야 합니다.

> "내 아들아, 네가 내 말들을 받고 나의 계명들을 네 안에 간직하여 네 귀를 지혜에 기울이며 네 마음을 명철에 두고,"(잠 2:1~2)

둘째, 성령님의 은혜로 깨달아진 하나님의 말씀을 최고의 가치로 알고 내 것이 되도록 간절히 기도해야 합니다.

> "정녕, 네가 지식을 구하려고 소리지르며 명철을 위하여 네 목소리를 높이고, 은을 구하듯이 지식을 구하며 숨겨진 보물들을 찾듯이 명철을 찾는다면"(잠 2:3~4)
>
> "또 천국은 밭에 숨겨진 보물과 같으니 어떤 사람이 그것을 찾으면 다시 숨겨 두고 그 기쁨으로 가서 자기의 모든 소유를 팔아 그 밭을 사느니라 또 천국은 좋은 진주를 찾는 상인과 같으니 그가 매우 값진 진주 하나를 찾아, 가서 자기의 모든 소유를 팔아 그것을 샀느니라."(마 13:44~46)

지혜를 얻은 결과는?

첫째, 하나님을 경외하게 됩니다.
"네가 주의 두려움을 깨달을 것이요,"(잠 2:5상)

둘째, 하나님께서 "다아트"(지식)와 "호크마"(지혜)와 "테부나"(명철)을 주십니다.
"하나님의 지식을 발견하리니 주께서 지혜를 주시고 그의 입에서 지식과 명철이 나오느니라 그는 의로운 자들을 위하여 완전한 지혜를 마련해 두시며,"(잠 2:5하~7상)

셋째, 하나님께서 올곧은 사람이 되게 하시고 방패가 되어 주십니다.
"정직하게 행하는 자들에게 방패가 되시고"(잠 2:7하)

넷째, 하나님께서 공의의 길을 걸어가게 하시며 보호하십니다.
"공의의 길들을 지키시며"(잠 2:8상)

다섯째, 하나님께서 성도의 길인 경건의 길을 걸어가게 하시며 지키십니다.
"자기 성도들의 길을 보존하시느니라"(잠 2:8하)

여섯째, 하나님께서 가장 선한 길인 "체데크"(의)와 "미쉬파트"(공의)아 "메이쇠림"(정직)의 길을 걸어가게 하시고 깨닫게 하십니다.
"그때에 너는 의와 공의와 공평을 깨달으리니, 정녕, 모든 선한 길이라."(잠 2:9)

선하시고 의로우신 은혜가 풍성하신 하나님께서는 하나님의 자녀들에게 지혜 주시기 원하십니다.

하나님의 자녀들은 간절한 기도와 간구로 받습니다.

그러므로 성삼위 하나님의 은혜로 주시는 지혜를 받고 하나님을 영화롭게 하는 우리 모두가 되기를 기도합니다.

잠언 2장 10~22절

> "대저 정직한 자는 땅에 거하며 완전한 자는 땅에 남아 있으리라"(잠 2:21, 개역개정판)
>
> "참으로 올곧은 사람들은 땅에 거주할 것이다. 그리고 온전한 사람들은 거기에 남게될 것이다"(잠언 2:21, 원문 직역)

잠언 2장 10~22절에는 하나님께서 주시는 "호크마"(지혜)와 "다아트"(지식) 의 유익함에 대한 말씀이 기록되어 있습니다.

하나님께서 주시는 지혜와 지식은?

첫째, 우리들의 "네페쉬"(영혼)을 즐겁게 합니다.
 "곧 지혜가 네 마음에 들어가며 지식이 네 영혼을 즐겁게 할 것이요"(잠 2:10)

둘째, 우리들을 "메짐마"(신중함)로 지키고 "테부나"(명철)로 보존합니다.
 "근신이 너를 지키며 명철이 너를 보호하여"(잠 2:11)

셋째, 악한 자의 길과 왜곡된 말을 하는 사람의 말로부터 건져냅니다.(잠 2:12~15)
 "악한 자의 길과 패역을 말하는 자에게서 건져 내리라"(잠 2:12)
 "그 길은 구부러지고 그 행위는 패역하니라"(잠 2:15)

넷째, 육신적 음란과 영적 음란으로부터 구출합니다.

"지혜가 또 너를 음녀에게서, 말로 호리는 이방 계집에게서 구원하리니 그는 젊은 시절의 짝을 버리며 그의 하나님의 언약을 잊어버린 자라 그의 집은 사망으로, 그의 길은 스올로 기울어졌나니 누구든지 그에게로 가는 자는 돌아오지 못하며 또 생명 길을 얻지 못하느니라"(잠 2:16~19)

다섯째, 선한 사람들의 길로 가게 합니다.

"지혜가 너를 선한 자의 길로 행하게 하며"(잠 2:20상)

여섯째, 의인들이 걸어가는 의인들의 길을 지켜줍니다.

"또 의인의 길을 지키게 하리니"(잠 2:20하)

일곱째, 하나님 나라 속에서 살게 합니다.

"대저 정직한 자는 땅에 거하며 완전한 자는 땅에 남아 있으리라 그러나 악인은 땅에서 끊어지겠고 간사한 자는 땅에서 뽑히리라"(잠 2:21~22)

하나님께서는 지혜와 지식을 간절히 찾는 하나님의 자녀들에게 지혜와 지식의 은총을 주십니다.

그러므로 성삼위 하나님의 은혜로 지혜와 지식의 은총을 받고 하나님을 영화롭게 하는 우리 모두가 되기를 기도합니다.

잠언 3장 1~20절

> "지혜는 그 얻은 자에게 생명 나무라 지혜를 가진 자는 복되도다"(잠 3:18, 개역개정판)
>
> "그녀는(지혜는) 그것을 굳게 붙잡고 있는 자들에게 생명 나무다. 그리고 그녀를(지혜를) 꼭 붙잡고 있는 자들은 복이 있다"(잠 3:18, 원문직역)

잠언 3장 1-20절은 지혜를 가진 자의 삶에 대하여 가르치고 있습니다.

중생(거듭남)은 성령님께서 예수님의 공로(의)를 우리들에게 전가시키고 우리들로 예수님과 연합시켜서 새사람이 되게 하시는 구원의 은총입니다.

성자 하나님이신 예수님께서 참 하나님과 참 사람으로서 역사하신 비하와 승귀의 모든 사역이 우리들에게 전가됩니다.

예수님의 공로(의)는 모든 사역과 지식과 지혜를 함의 하고 있습니다.

하나님의 자녀들은 예수님의 공로(의)를 전가받을 때 이미 "호크마"(지혜)와 "다트"(지식)을 선물로 받습니다.

연약해서 인식하지 못할 뿐입니다.

지혜를 선물(은사)로 받은 그리스도인의 삶은?

첫째, "토라"(율법)의 핵심인 "미츠오트"(명령들)에 순종하는 삶입니다.
"내 아들아 나의 법을 잊어버리지 말고 네 마음으로 나의 명령을 지키라 그리하면 그것이 네가 장수하여 많은 해를 누리게 하며 평강을 더하게 하리라."(잠 3:1~2)

마음과 목숨과 힘과 뜻을 다하여 하나님을 사랑하는 것과 내 이웃을 내 몸처럼 사랑하는 삶입니다.

둘째, "헤세드"(인애)와 "에메트"(진리)를 따라 사는 삶입니다.
"인자와 진리가 네게서 떠나지 말게 하고 그것을 네 목에 매며 네 마음판에 새기라 그리하면 네가 하나님과 사람 앞에서 은총과 귀중히 여김을 받으리라."(잠 3:3~4)

하나님의 부성적 사랑과 진리의 말씀에 순종하는 삶입니다.

셋째, 온 마음을 다하여 하나님을 "바타흐"(의지)하는 삶입니다.
"너는 마음을 다하여 여호와를 신뢰하고 네 명철을 의지하지 말라."(잠 3:5)

하나님께 내 자신을 맡기고 매어달리고 순종하고 헌신하는 삶입니다.

넷째, 삶의 모든 영역에서 하나님께서 다스리고 섭리하신다는 것을 인정하는 삶입니다.
"너는 범사에 그를 인정하라 그리하면 네 길을 지도하시리라."(잠 3:6)

다섯째, 겸손한 위치에서 하나님을 경외하고 악에서 떠나는 삶입니다.

"스스로 지혜롭게 여기지 말지어다 여호와를 경외하며 악을 떠날지어다 이것이 네 몸에 양약이 되어 네 골수를 윤택하게 하리라."(잠 3:7~8)

여섯째, 헌상의 삶입니다.

"네 재물과 네 소산물의 처음 익은 열매로 여호와를 공경하라 그리하면 네 창고가 가득히 차고 네 포도즙 틀에 새 포도즙이 넘치리라."(잠 3:9~10)

예수님 안에서 내 자신을 드리고 소유권과 경제권을 모두 하나님께 드리는 삶입니다.

일곱째, 하나님께서 내리시는 징계와 책망을 달게 받는 삶입니다.

"내 아들아 여호와의 징계를 경히 여기지 말라 그 꾸지람을 싫어하지 말라 대저 여호와께서 그 사랑하시는 자를 징계하시기를 마치 아비가 그 기뻐하는 아들을 징계함 같이 하시느니라"(잠 3:11~12)

여덟째, 하나님께서 선물(은사)로 주신 "호크마"(지혜)와 "다트"(지식)를 성경 66권에서 성령님과 말씀과 기도로 길어내고 캐어내는 삶입니다.(잠 3:13~20)

"이는 지혜를 얻는 것이 은을 얻는 것보다 낫고 그 이익이 정금보다 나음이니라 지혜는 진주보다 귀하니 네가 사모하는 모든 것으로도 이에 비교할 수 없도다"(잠 3:14~15)

"여호와께서는 지혜로 땅에 터를 놓으셨으며 명철로 하늘을 견고히 세우셨고 그의 지식으로 깊은 바다를 갈라지게 하셨으며 공중에서 이슬이 내리게 하셨느니라"(잠 3:19~20)

그리스도인은 하나님께서 선물(은사)로 주신 지혜와 지식을 삶의 기준과 가치와 상식과 문화로 여기고 사는 삶입니다.

그러므로 성삼위 하나님의 은혜로 주신 "호크마"(지혜)와 "다트"(지식)를 소중히 여기고 순종하며, 하나님을 영화롭게 하는 우리 모두가 되기를 기도합니다.

잠언 3장 21~26절

> "내 아들아 완전한 지혜와 근신을 지키고 이것들이 네 눈 앞에서 떠나지 말게 하라"(잠 3:21, 개역개정판)
>
> "내 아들아 네 눈들로부터 그것들을 놓치지 않게 하라. 너는 온전한 지혜와 신중함을 지켜라"(잠 3:21, 원문직역)

잠언 3장 21~26절에는 지혜를 가지고 사는 사람들이 받을 복에 대한 말씀이 기록되어 있습니다.

지혜를 가진 사람은 "투쉬야"(온전한 지혜)와 "메짐마"(신중함)로 사는 사람입니다.

잠언의 저자인 솔로몬은 지혜를 가진 사람을 "투쉬야"(온전한 지혜)와 "메짐마"(신중함)라는 동의적 병행법으로 지혜의 전체를 표현하는 제유법적인 수사법을 구사하고 있습니다.

"호크마"(지혜)를 가진 사람은 사변적이고 관념적인 사람이 아닙니다.

삶의 기준과 삶의 통찰력과 삶의 목적인 가치관과 삶의 방법과 삶의 결정과 삶의 목표를 자신의 가치 체계와 사고 체계와 세계관과 시스템으로 삼고 이러한 지혜와 지식으로 현실을 이해하고 사실 확인을 하고 사실 판단의 터 위에서 가치 판단을 하고 가치 판단의 터 위에서 성령님의 감동으로 하나님의 재가를 받고 바른 결정을 하고 바른 행동을 하는 사람입니다.

"내 아들아 완전한 지혜와 근신을 지키고 이것들이 네 눈 앞에서 떠나지 말게 하라"(잠 3:21)

이러한 지혜를 가지고 사는 사람들에게 주시는 하나님의 복은?

첫째, 하나님과의 거룩한 사귐과 거룩한 다스림에 참여되는 "네페쉬 하야"(영원한 생명)의 복입니다.

"그리하면 그것이 네 영혼의 생명이 되며"(잠 3:22상)

둘째, "헨"(은혜)의 복입니다.

"네 목에 장식이 되리니"(잠 3:22하)

하나님께서 은혜를 주셔서 과일에 과즙이 가득찬 것 같은 아름다움의 복입니다.

셋째, 하나님과 동행하며 보호를 받는 복입니다.

"네가 네 길을 평안히 행하겠고"(잠 3:23상)

넷째, 죄악이나 환난에 걸려 넘어지지 않는 복입니다.

"네 발이 거치지 아니하겠으며"(잠 3:23하)

다섯째, 평안한 단잠을 자는 복입니다.

"네가 누울 때에 두려워하지 아니하겠고 네가 누운즉 네 잠이 달리로다"(잠 3:24)

여섯째, 갑작스러운 공포나 악인에게 임하는 무서운 심판 속에서도 안전하게 지켜주시는 하나님을 "케셀"(확신)하는 복입니다.

> "너는 갑작스러운 두려움도 악인에게 닥치는 멸망도 두려워하지 말라 대저 여호와는 네가 의지할 이시니라 네 발을 지켜 걸리지 않게 하시리라"(잠 3:25~26)

"호크마"(지혜)를 따라 사는 사람은 과일에 과즙이 가득한 것 같은 아름다운 복이 있는 사람입니다.

그러므로 성삼위 하나님의 은혜로 "호크마"(지혜)를 따라 살며 하나님을 영화롭게 하는 우리 모두가 되기를 기도합니다.

잠언 3장 27~35절

> "진실로 그는 거만한 자를 비웃으시며 겸손한 자에게 은혜를 베푸시나니"(잠 3:34, 개역개정판)
>
> "참으로 그분께서는 비웃고(거만, 오만) 있는 자들을 비웃으신다. 그러나 그분께서는 겸손한 자들에게 은혜를 베푸신다"(잠 3:34, 원문직역)

잠언 3장 27~35절에는 지혜를 갖고 살아가는 사람들이 마땅히 해야 할 당위적 삶과 상급이 기록되어 있습니다.

지혜를 가지고 살고 있는 사람들의 당위적 삶은?

십계명의 두 번째 돌판의 말씀대로 자신의 이웃을 자기 자신처럼 사랑하는 삶입니다.

1) 어려움에 빠져있는 이웃을 신속하게 도와주는 삶입니다.

"네 손이 선을 베풀 힘이 있거든 마땅히 받을 자에게 베풀기를 아끼지 말며 네게 있거든 이웃에게 이르기를 갔다가 다시 오라 내일 주겠노라 하지 말며"(잠 3:27~28)

2) 이웃과 화목하게 사는 삶입니다.

"네 이웃이 네 곁에서 평안히 살거든 그를 해하려고 꾀하지 말며 사람이 네게 악을 행하지 아니하였거든 까닭 없이 더불어 다투지 말며"(잠 3:29~30)

3) 가난하고 연약한 사람들을 돌보는 삶입니다.

"포학한 자를 부러워하지 말며 그의 어떤 행위도 따르지 말라"(잠 3:31)

"이쉬 하마스"(폭력, 포악의 사람)에 속한 자들은 자신의 일시적 형통을 위하여 가난하고 연약한 자들을 학대하고 여러가지 방법으로 폭력을 행사하는 사람입니다.

이웃을 자기 자신처럼 사랑하는 당위적 삶을 사는 하나님 자녀들에게 하나님께서 주시는 당위적 상급은?

첫째, 하나님과의 거룩한 교제와 교통을 누리는 상급입니다.
"대저 패역한 자는 여호와께서 미워하시나 정직한 자에게는 그의 교통하심이 있으며"(잠 3:32)

둘째, 하나님께서 주신 복을 누리는 상급입니다.
"악인의 집에는 여호와의 저주가 있거니와 의인의 집에는 복이 있느니라"(잠 3:33)

셋째, 하나님께서 베푸신 은혜를 누리는 상급입니다.
"진실로 그는 거만한 자를 비웃으시며 겸손한 자에게 은혜를 베푸시나니"(잠 3:34)

넷째, 하나님께서 주신 영광의 기업을 누리는 상급입니다.
"지혜로운 자는 영광을 기업으로 받거니와 미련한 자의 영달함은 수치가 되느니라"(잠 3:35)

하나님을 사랑하는 지혜로운 사람은 자신의 이웃을 자기 자신처럼 사랑하는 사람입니다.

"예수께서 이르시되 네 마음을 다하고 목숨을 다하고 뜻을 다하여 주 너의 하나님을 사랑하라 하셨으니 이것이 크고 첫째 되는 계명이요 둘째도 그와 같으니 네 이웃을 네 자신 같이 사랑하라 하셨으니 이 두 계명이 온 율법과 선지자의 강령이니라"(마 22:37~40)

그러므로 성삼위 하나님의 은혜로 하나님을 사랑하고 우리의 이웃을 우리 자신같이 사랑하며 하나님을 영화롭게 하는 우리 모두가 되기를 기도합니다.

잠언 4장 1~9절

> "그가 아름다운 관을 네 머리에 두겠고 영화로운 면류관을 네게 주리라 하셨느니라"(잠 4:9, 개역개정판)
>
> "그것이 네 머리에 은혜의 화관을 줄것이다. 아름다운 왕관을 네게 넘겨줄 것이다"(잠 4:9, 원문직역)

잠언 4장 1~9절은 지혜의 소중한 가치에 대해서 가르치고 있습니다.

지혜의 말씀은 믿음의 아버지인 아브라함으로부터 계승된 은혜 언약의 말씀입니다.

> "아들들아 아비의 훈계를 들으며 명철을 얻기에 주의하라 내가 선한 도리를 너희에게 전하노니 내 법을 떠나지 말라 나도 내 아버지에게 아들이었으며 내 어머니 보기에 유약한 외아들이었노라"(잠 4:1~3)

은혜 언약의 말씀인 지혜는 세대와 세대를 넘어 역사가운데 도도하게 흐르고 있는 계승된 언약의 말씀입니다.

솔로몬은 "호크마"(지혜)를 "다바르"(말씀)와 "미츠오트"(계명)와 "비나"(명철)라는 단어를 동의어로 써서 표현하고 잠언 4장 6절에서는 지혜를 인격화하여 표현하기도 합니다.

하나님의 거룩한 경륜가운데 계승 된 언약의 말씀인 지혜를 받은 하나님의 자녀들은?

첫째, 마음이 지혜를 "타마크"(붙잡다)해야 합니다.

"아버지가 내게 가르쳐 이르기를 내 말을 네 마음에 두라"(잠 4:4상)

둘째, 지혜를 지켜야 합니다.

"내 명령을 지키라 그리하면 살리라"(잠 4:6하)

셋째, 지혜를 "카나"(습득)하고 잊어버리지 말고 떠나지 말아야 합니다.

"지혜를 얻으며 명철을 얻으라 내 입의 말을 잊지 말며 어기지 말라"(잠 4:5)

지혜를 생각에 기록하고 마음 판에 새기고 다스림 받고 순종해야 합니다.

넷째, 보호하는 지혜를 버리지 말아야 합니다.

"지혜를 버리지 말라 그가 너를 보호하리라"(잠 4:6상)

다섯째, 지켜주는 지혜를 사랑해야 합니다.

"그를 사랑하라 그가 너를 지키리라"(잠 4:6하)

여섯째, 지혜를 최고의 가치로 삼아야 합니다.

"지혜가 제일이니 지혜를 얻으라 네가 얻은 모든 것을 가지고 명철을 얻을지니라"(잠 4:7)

"천국은 마치 밭에 감추인 보화와 같으니 사람이 이를 발견한 후 숨겨 두고 기뻐하며 돌아가서 자기의 소유를 다 팔아 그 밭을 사느니라 또 천국은 마치 좋은 진주를 구하는 장사와 같으니 극히 값진 진주 하나를 발견하매 가서 자기의 소유를 다 팔아 그 진주를 사느니라"(마 13:44~46)

일곱째, 높여주는 지혜를 존귀하게 여겨야 합니다.

"그를 높이라 그리하면 그가 너를 높이 들리라"(잠 4:8상)

여덟째, 존귀하게 만들어주는 지혜를 마음에 품고 살아야 합니다.

"만일 그를 품으면 그가 너를 영화롭게 하리라"(잠 4:8하)

가장 소중한 가치인 지혜(예수님)는?

1) 우리를 은혜 언약의 은총 가운데 살게 합니다.

"그가 아름다운 관을 네 머리에 두겠고"(잠 4:9상)

2) 왕 같은 제사장이 되게 합니다.

"영화로운 면류관을 네게 주리라 하셨느니라"(잠 4:9하)

3) 은혜롭고 아름다운 삶을 살게 하고 빛나는 인생이 되게 합니다.

그러므로 성삼위 하나님의 은혜로 지혜를 마음에 품고 지혜 가운데 살아가며 하나님을 영화롭게 하는 우리 모두가 되기를 기도합니다.

잠언 4장 10~19절

> "훈계를 굳게 잡아 놓치지 말고 지키라 이것이 네 생명이니라"(잠 4:13, 개역개정판)
>
> "너는 훈계를 굳게 잡으라. 너는 놓치지 마라. 너는 그것을 잘 지키라(보존하라). 왜냐하면 그것이 네 생명이기 때문이다"(잠 4:13, 원문직역)

잠언 4장 10~19절은 말씀은 지혜를 따라 사는 길이 가장 안전한 길임을 가르치는 말씀입니다.

솔로몬은 "호크마"(지혜)와 13절에 나오는 "무사르"(경건의 훈련, 훈계)를 동의어로 쓰고 있습니다.

지혜를 따라 사는 길이 가장 안전한 이유는?

첫째, "쉐노트 하임"(생명의 연수)이 많아질 것이기 때문입니다.
 "내 아들아 들으라 내 말을 받으라 그리하면 네 생명의 해가 길리라"(잠 4:10)

생명의 연수가 많아진다는 말씀은 번영적 의미의 장수를 가르치기도 하지만 하나님과의 거룩한 사귐과 거룩한 다스림에 참여되는 생명의 삶을 가르치기도 합니다.

둘째, 올곧은 삶을 살아가게 하기 때문입니다.

"내가 지혜로운 길을 네게 가르쳤으며 정직한 길로 너를 인도하였은즉"(잠 4:11)

"지혜의 길로 내가 너를 가르쳤다. 내가 너를 올곧은 길들로 걷게 하였다"(잠 4:11, 원문직역)

셋째, 하나님과 동행하며 보호받는 삶이기 때문입니다.

"다닐 때에 네 걸음이 곤고하지 아니하겠고 달려갈 때에 실족하지 아니하리라"(잠 4:12)

넷째, 내적 생명이 보호받는 삶이기 때문입니다.

"훈계를 굳게 잡아 놓치지 말고 지키라 이것이 네 생명이니라"(잠 4:13)

다섯째, 악인들의 길들로 걸어가지 않게 하는 삶이기 때문입니다.(잠 4:14~19)

"사악한 자의 길에 들어가지 말며 악인의 길로 다니지 말지어다"(잠 4:14)

"악인의 길은 어둠 같아서 그가 걸려 넘어져도 그것이 무엇인지 깨닫지 못하느니라"(잠 4:19)

여섯째, 성화의 삶을 살아가게 하기 때문입니다.

"의인의 길은 돋는 햇살 같아서 크게 빛나 한낮의 광명에 이르거니와"(잠 4:18)

이 세상에서 가장 안전한 길은 "호크마"(지혜)를 따라 사는 삶입니다.

그러므로 성삼위 하나님의 은혜로 "호크마"(지혜)를 따라 살아가며 하나님을 영화롭게 하는 우리 모두가 되기를 기도합니다.

잠언 4장 20~27절

> "그것은 얻는 자에게 생명이 되며 그의 온 육체의 건강이 됨이니라"(잠 4:22, 개역개정판)
>
> "왜냐하면 그것들을 찾고 있는 사람들에게 생명이 되기 때문이다. 그리고 그의 모든 육체를 위한 치료제이기 때문이다"(잠 4:22, 원문직역)

잠언 4장 20~27절은 "호크마"(지혜)의 소중함과 "호크마"(지혜)를 소중히 여기는 사람들이 지켜야 하는 삶의 방식을 가르치고 있습니다.

"호크마"(지혜)를 소중히 여기는 사람은 말씀의 실체이신 예수님께서 성령님과 말씀을 통하여 가르치는 지혜의 말씀을 생각에 기록하고 마음판에 새기고 다스림받고 순종해야 합니다.

> "내 아들아 내 말에 주의하며 내가 말하는 것에 네 귀를 기울이라 그것을 네 눈에서 떠나게 하지 말며 네 마음 속에 지키라"(잠 4:20~21)

그 이유는?

첫째, 생명을 살리고 생명을 보존하는 생명의 양식이기 때문입니다.
> "그것은 얻는 자에게 생명이 되며"(잠 4:22상)

둘째, 영혼과 육체를 좋은 상태로 유지하는 치료제이기 때문입니다.
> "그의 온 육체의 건강이 됨이니라"(잠 4:22하)

"호크마"(지혜)를 소중하게 여기는 사람들은?

첫째, 마음을 지켜야 합니다.
"모든 지킬 만한 것 중에 더욱 네 마음을 지키라 생명의 근원이 이에서 남이니라"(잠 4:23)

생각 속에 하나님을 아는 지식이 가득차고 마음 속에 하나님을 사랑하는 마음이 가득차고 의지에는 감사와 순종과 헌신과 섬김이 가득 차게 해야 합니다.

둘째, 입술을 지켜야 합니다.
"구부러진 말을 네 입에서 버리며 비뚤어진 말을 네 입술에서 멀리 하라"(잠 4:24)

입술을 은혜와 진리와 사랑과 감사와 축복의 도구가 되게 하고 서기관의 붓끝처럼 되게 해야 합니다.

셋째, 눈을 지켜야 합니다.
"네 눈은 바로 보며 네 눈꺼풀은 네 앞을 곧게 살펴"(잠 4:25)

하나님 말씀을 올바로 보고 깨닫고 깨달은 말씀대로 올곧은 길을 걸어가게 하는 눈이 되게 해야 합니다.

넷째, 발을 지켜야 합니다.
"네 발이 행할 길을 평탄하게 하며 네 모든 길을 든든히 하라 좌로나 우로나 치우치지 말고 네 발을 악에서 떠나게 하라"(잠 4:26~27)

죄악으로 달려가는 발을 멈추고 바른 진리의 길을 걸어가며 헌신과 섬김의 발이 되게 해야 합니다.

   우리들의 힘으로는 할 수 없습니다.

   하나님의 부성적 사랑과 예수님께서 전가해주시는 의와 성령님의 능력과 작용으로만 가능합니다.

   지혜로운 하나님의 자녀들은 "호크마"(지혜)를 가장 소중한 가치로 여기며 자신의 마음과 입술과 눈과 발을 지키기 위해 성전 문지기와 같은 파수꾼을 세우는 사람입니다.

   그러므로 성삼위 하나님의 은혜로 "호크마"(지혜) 가운데 살아가며 하나님을 영화롭게 하는 우리 모두가 되기를 기도합니다.

잠언 5장 1~14절

> "말하기를 내가 어찌하여 훈계를 싫어하며 내 마음이 꾸지람을 가벼이 여기고 내 선생의 목소리를 청종하지 아니하며 나를 가르치는 이에게 귀를 기울이지 아니하였던고"(잠 5:12~13, 개역개정판)
>
> "그리고 네가 말할 것이다. 내가 얼마나 훈계를 미워했고 내 마음이 책망을 멸시했는가? 그리고 내가 나의 스승들의 소리를 듣지 않았다. 그리고 나를 가르치고 있는 사람들에게 내가 내 귀를 기울이지 않았던가?"(잠 5:2~13, 원문직역)

잠언 5장 1~14절에는 지혜를 따라 살아야 하는 이유에 대한 말씀이 기록되어 있습니다.

하나님의 자녀들은 "호크마"(지혜)를 따라 살아야 합니다.

"내 아들아 내 지혜에 주의하며 내 명철에 네 귀를 기울여서 근신을 지키며 네 입술로 지식을 지키도록 하라"(잠 5:1~2)

"그런즉 아들들아 나에게 들으며 내 입의 말을 버리지 말고 네 길을 그에게서 멀리 하라 그의 집 문에도 가까이 가지 말라"(잠 5:7~8)

그 이유는 "시프테이 자라"(방탕한 여인, 음녀) 때문입니다.

"자라"(낯선 여인)는 "율법에 낯선 여인인 음녀"입니다.

오늘 본문은 7계명에 대한 말씀이지만 율법에 낯선 여인인 음녀 "자라"를 제유법으로 보면 "소마"(육체)를 가지고 사는 동안 우리 속에 있는 죄의 질료입니다.

> "우리가 율법은 신령한 줄 알거니와 나는 육신에 속하여 죄 아래에 팔렸도다 내가 행하는 것을 내가 알지 못하노니 곧 내가 원하는 것은 행하지 아니하고 도리어 미워하는 것을 행함이라 만일 내가 원하지 아니하는 그것을 행하면 내가 이로써 율법이 선한 것을 시인하노니 이제는 그것을 행하는 자가 내가 아니요 내 속에 거하는 죄니라 내 속 곧 내 육신에 선한 것이 거하지 아니하는 줄을 아노니 원함은 내게 있으나 선을 행하는 것은 없노라 내가 원하는 바 선은 행하지 아니하고 도리어 원하지 아니하는 바 악을 행하는도다 만일 내가 원하지 아니하는 그것을 하면 이를 행하는 자는 내가 아니요 내 속에 거하는 죄니라"(롬 7:14~20)

죄의 질료인 "자라"(율법의 낯선 여인, 음녀)는 육체의 정욕과 죄의 부패성과 오염성과 오만한 자아와 악하고 음란한 습성과 산당 숭배와 같은 사상적 타락과 죄와 세상과 사단에게 너무 쉽게 자신을 내어주는 노예근성과 노예의지를 표상합니다.

본문에 나오는 율법의 낯선 여인인 음녀 "자라"는 특별히 계시록에 나오는 바벨론과 같은 악하고 음란한 도시 문명의 즐거움의 이미지로 사용되고 있습니다.

율법의 낯선 여인인 음녀 "자라"는?

첫째, 악하고 음란한 "contents"(지식 정보)를 가지고 하나님의 자녀들을 날마다 유혹합니다.

> "대저 음녀의 입술은 꿀을 떨어뜨리며 그의 입은 기름보다 미끄러우나"(잠 5:3)

둘째, 즐거움으로 유혹해서 우리들의 삶을 쑥처럼 쓰게 만들고 우리들의 마음과 몸을 난도질 합니다.

"나중은 쑥 같이 쓰고 두 날 가진 칼 같이 날카로우며"(잠 5:4)

셋째, 영적 사망에 이르게 합니다.

"그의 발은 사지로 내려가며"(잠 5:5상)

"향락을 좋아하는 자는 살았으나 죽었느니라"(딤전 5:6)

넷째, "쉐올"에 이르게 합니다.

"그의 걸음은 스올로 나아가나니"(잠 5:5하)

"쉐올"은 죽음, 무덤, 죽은 사람이 가는곳, 지옥을 의미합니다.

다섯째, 끝없는 멸망의 미궁속으로 빨려 들어가게 만듭니다.

"그는 생명의 평탄한 길을 찾지 못하며 자기 길이 든든하지 못하여도 그것을 깨닫지 못하느니라"(잠 5:6)

율법의 낯선 여인인 음녀 "자라"의 다스림을 받고 사는 사람은?

첫째, "호드"(존귀함, 아름다움)를 상실합니다.

"두렵건대 네 존영이 남에게 잃어버리게 되며"(잠 5:9상)

둘째, 남은 인생을 "아크자리"(잔인한 자)에게 빼앗깁니다.

"네 수한이 잔인한 자에게 빼앗기게 될까 하노라"(잠 5:9하)

"아크자리"는 "자라"와 동의어입니다.

셋째, 자신의 재산과 수고해서 얻는 수입이 상실됩니다.

"두렵건대 타인이 네 재물로 충족하게 되며 네 수고한 것이 외인의 집에 있게 될까 하노라"(잠 5:10)

넷째, 인생을 마칠 때 "나함"(숨을 헐떡이며 신음)할 것입니다.

"두렵건대 마지막에 이르러 네 몸, 네 육체가 쇠약할 때에 네가 한탄하여"(잠 5:11)

다섯째, 끝없는 후회와 아픈 탄식과 자책감에 빠질 것입니다.

"말하기를 내가 어찌하여 훈계를 싫어하며 내 마음이 꾸지람을 가벼이 여기고 내 선생의 목소리를 청종하지 아니하며 나를 가르치는 이에게 귀를 기울이지 아니하였던고"(잠 5:12~13)

여섯째, 회중 가운데서 많은 악을 행하는 이방인처럼 됩니다.

"많은 무리들이 모인 중에서 큰 악에 빠지게 되었노라 하게 될까 염려하노라"(잠 5:14)

지혜로운 하나님의 자녀들은 미련하고 어리석은 자들처럼 율법의 낯선 여인인 음녀 "자라"를 따라 살지 않고 "호크마"(지혜)를 따라 사람입니다.

"내 아들아 내 지혜에 주의하며 내 명철에 네 귀를 기울여서 근신을 지키며 네 입술로 지식을 지키도록 하라"(잠 5:1~2)

그러므로 성삼위 하나님의 은혜로 율법에 낯선 여인인 음녀 "자라"를 날마다 십자가에 못 박고 "호크마"(지혜)를 따라 살며 하나님을 영화롭게 하는 우리 모두가 되기를 기도합니다.

잠언 5장 15~23절

> "네 샘으로 복되게 하라 네가 젊어서 취한 아내를 즐거워하라"(잠 5:18, 개역개정판)
>
> "네 샘으로부터 복받게 하라. 그리고 네 젊은(시절의) 아내로부터 즐거워하라"(잠 5:18, 원문직역)

잠언 5장 15~23절은 "호크마"(지혜)의 소중함에 대하여 가르치는 말씀입니다.

솔로몬은 15~17절에서 나오는 우물로부터의 물과 샘으로부터 흐르는 물과 18절에서 나오는 젊은 시절의 아내라는 이미지를 동의적 병행법인 시문학적 기법으로 나열하며 "호크마"(지혜)의 소중함을 가르치고 있습니다.

하나님의 자녀들은?

첫째, "호크마"(지혜)를 소중하게 여겨야 합니다.

"너는 네 우물에서 물을 마시며 네 샘에서 흐르는 물을 마시라 어찌하여 네 샘물을 집 밖으로 넘치게 하며 네 도랑물을 거리로 흘러가게 하겠느냐 그 물이 네게만 있게 하고 타인과 더불어 그것을 나누지 말라"(잠 5:15~17)

둘째, "호크마"(지혜)를 즐거워하며 만족히 여기며 사랑해야 합니다.

"네 샘으로 복되게 하라 네가 젊어서 취한 아내를 즐거워하라 그는 사랑스러운 암사슴 같고 아름다운 암노루 같으니 너는 그의 품을 항상 족하게 여기며 그의 사랑

을 항상 연모하라"(잠 5:18~19)

"호크마"(지혜)를 삶의 기준과 삶의 세계관과 삶의 가치관과 삶의 방법론과 삶의 결정론과 삶의 목표론으로 삼고 즐거워하고 만족해하고 사랑해야 합니다.

"호크마"(지혜)를 가장 소중한 가치로 여겨야 합니다.

그러나 하나님의 자녀들이 "호크마"(지혜)를 따라 살지않고 율법의 낯선여인인 음녀 "자라"가 유혹하는 도시 문명의 즐거움인 세상적 기쁨과 즐거움과 쾌락과 음란에 도취되어 하나님과 대척적 위치에 서게 되면 하나님의 징계의 심판을 받게 됩니다.

"내 아들아 어찌하여 음녀를 연모하겠으며 어찌하여 이방 계집의 가슴을 안겠느냐 대저 사람의 길은 여호와의 눈 앞에 있나니 그가 그 사람의 모든 길을 평탄하게 하시느니라"(잠 5:20~21)

하나님께서 내리시는 징계의 심판은?

첫째, 내적 생명이 무너지는 심판입니다.
"악인은 자기의 악에 걸리며 그 죄의 줄에 매이나니"(잠 5:22)

자기 스스로 자신의 죄악에 사로 잡히게 되고 죄악의 노예가 됩니다.

둘째, 삶의 기반이 무너지는 심판입니다.
"그는 훈계를 받지 아니함으로 말미암아 죽겠고"(잠 5:23상)

영혼과 육체가 망가지고 삶의 전반적 균형이 무너집니다.

셋째, 미래가 없어지는 심판입니다.
"심히 미련함으로 말미암아 혼미하게 되느니라"(잠 5:23하)

스스로 어리석음에 빠져 바른 사실 판단과 바른 가치 판단과 바른 의사 결정을 못하는 우매한 사람이 됩니다.

율법의 낯선여인인 음녀 "자라"가 유혹하는 세상적인 기쁨과 즐거움과 쾌락과 음란을 따라가면 당연히 해야 할 것을 하지 못하게 만듭니다.

시간이라는 기회 비용을 잡아먹고 존귀하고 아름다운 인생을 쓰디쓴 쑥처럼 더럽고 역겹고 가증스러운 인생이 되게합니다.

그러므로 성삼위 하나님의 은혜로 "호크마"(지혜)를 따라 살아가며 하나님을 영화롭게 하는 우리 모두가 되기를 기도합니다.

잠언 6장 1~5절

> "내 아들아 네가 만일 이웃을 위하여 담보하며 타인을 위하여 보증하였으면"(잠 6:1, 개역개정판)
>
> "내 아들아 만일 네가 네 친구를 위하여 보증을 서려고 네가 네 손을 낯선 사람을 위하여 손뼉을 쳤다며"(잠 6:1, 원문직역)

잠언 6장 1~5절은 보증에 대한 "호크마"(지혜)의 말씀입니다.

보증은?

첫째, 정상적 상황이 아닙니다.

"내 아들아 네가 만일 이웃을 위하여 담보하며 타인을 위하여 보증하였으면"(잠 6:1)

둘째, 경솔하게 해서는 안됩니다.

"네 입의 말로 네가 얽혔으며 네 입의 말로 인하여 잡히게 되었느니라"(잠 6:2)

셋째, 자신과 자신의 가족의 안위를 무시하고 해서는 안 됩니다.

"내 아들아 네가 네 이웃의 손에 빠졌은즉 이같이 하라 너는 곧 가서 겸손히 네 이웃에게 간구하여 스스로 구원하되 네 눈을 잠들게 하지 말며 눈꺼풀을 감기게 하지 말고 노루가 사냥꾼의 손에서 벗어나는 것 같이, 새가 그물 치는 자의 손에서 벗어나는 것 같이 스스로 구원하라"(잠 6:3~5)

물론, 긍정적 보증도 있습니다.

1) 예수님은 우리들을 위한 "고엘"(기업을 무를자) 입니다.

"이르되 네가 누구냐 하니 대답하되 나는 당신의 여종 룻이오니 당신의 옷자락을 펴 당신의 여종을 덮으소서 이는 당신이 기업을 무를 자가 됨이니이다 하니"(룻 3:9)

2) 바울은 오네시모를 위하여 보증인이 되었습니다.

"그가 만일 네게 불의를 하였거나 네게 빚진 것이 있으면 그것을 내 앞으로 계산하라 나 바울이 친필로 쓰노니 내가 갚으려니와 네가 이 외에 네 자신이 내게 빚진 것은 내가 말하지 아니하노라"(몬 1:18~19)

긍정적 보증은 힘이 있고 능력이 있을 때 성령님의 감동가운데 바른 판단 작용을 거치고 가족들과 충분히 의논하고 동의하는 가운데 하나님의 재가를 받고 대신 갚아주는 사랑의 마음에서 보증을 서는 것입니다.

본문의 부정적 보증의 이미지인 "페타임"(어리석은 자들)은 어리석은 자들의 이미지 입니다.

어리석은 자들은?

1) 자신의 정서에서 나오는 행동은 무조건 옳다는 착각을 합니다.

"내 아들아 네가 만일 이웃을 위하여 담보하며 타인을 위하여 보증하였으면"(잠 6:1)

2) 바른 지식과 지혜로 판단 작용의 과정을 거치지 않고 성급하게 말을 합니다.

"네 입의 말로 네가 얽혔으며 네 입의 말로 인하여 잡히게 되었느니라"(잠 6:2)

3) 결정의 방법을 모르는 무지와 교만과 안일함이 있습니다.

> "내 아들아 네가 네 이웃의 손에 빠졌은즉 이같이 하라 너는 곧 가서 겸손히 네 이웃에게 간구하여 스스로 구원하되 네 눈을 잠들게 하지 말며 눈꺼풀을 감기게 하지 말고 노루가 사냥꾼의 손에서 벗어나는 것 같이, 새가 그물 치는 자의 손에서 벗어나는 것 같이 스스로 구원하라"(잠 6:3~5)

연약한 우리들도 "호크마"(지혜)를 무시하고 어리석음에 빠질 수 있습니다.

그때, 우리는 우리 자신의 무지와 교만함을 회개하고 어떻게 되겠지라는 안일한 생각과 마음을 버리고 성령님의 능력과 작용을 의지하며 그 상황에서 빠져나오기 위하여 기도하며 힘써야 합니다.

> "내 아들아 네가 네 이웃의 손에 빠졌은즉 이같이 하라 너는 곧 가서 겸손히 네 이웃에게 간구하여 스스로 구원하되 네 눈을 잠들게 하지 말며 눈꺼풀을 감기게 하지 말고 노루가 사냥꾼의 손에서 벗어나는 것 같이, 새가 그물 치는 자의 손에서 벗어나는 것 같이 스스로 구원하라"(잠 6:3~5)

지혜로운 하나님의 자녀들은 "호크마"(지혜)를 따라 겸손한 위치에서 자신과 가족과 공동체의 평안을 깨뜨리는 사람이 아닙니다.

그러므로 성삼위 하나님의 은혜로 "호크마"(지혜)를 따라 살아가며 하나님을 영화롭게 하는 우리 모두가 되기를 기도합니다.

잠언 6장 6~11절

> "게으른 자여 개미에게 가서 그가 하는 것을 보고 지혜를 얻으라"(잠 6:6, 개역개정판)
>
> "게으른 자여 너는 개미에게로 가라. 너는 그의 길들을 보라. 그리고 너는 지혜롭게 되라"(잠 6:6, 원문직역)

잠언 6장 6~11절은 부지런함과 게으름에 대한 "호크마"(지혜)의 말씀입니다.

"호크마"(지혜)가 있는 부지런한 사람은?

첫째, 삶에 대한 당위성과 필연성을 가지고 스스로 행동하는 주체성을 갖고 있습니다.

"개미는 두령도 없고 감독자도 없고 통치자도 없으되"(잠 6:7)

둘째, 자신이 해야 할 일과 자신의 삶에 대한 이해와 통찰력이 있습니다.

"먹을 것을 여름 동안에 예비하며 추수 때에 양식을 모으느니라"(잠 6:8)

셋째, 오늘 일을 내일로 미루지 않고 행동하는 성실함이 있습니다.

"게으른 자여 네가 어느 때까지 누워 있겠느냐 네가 어느 때에 잠이 깨어 일어나겠느냐 좀더 자자, 좀더 졸자, 손을 모으고 좀더 누워 있자 하면"(잠 6:9~10)

"호크마"(지혜)가 없는 게으른 자는?

첫째, 자신에게 주어진 시간이라는 기회비용을 낭비합니다.
"게으른 자여 네가 어느 때까지 누워 있겠느냐 네가 어느 때에 잠이 깨어 일어나겠느냐"(잠 6:9)

둘째, 안락과 편안을 최고의 가치로 여기고 살아갑니다.
"좀더 자자, 좀더 졸자, 손을 모으고 좀더 누워 있자 하면"(잠 6:10)

셋째, 영혼과 육신의 가난과 궁핍을 스스로 불러드립니다.
"네 빈궁이 강도 같이 오며 네 곤핍이 군사 같이 이르리라"(잠 6:11)

성경에서 가르치는 부지런은 무조건 열심히 사는 것을 가르치지 않습니다.

사람은 이성이 없는 소가 아니기 때문입니다.

성경에서 가르치는 삶의 기준과 삶의 세계관과 삶의 가치관과 삶의 방법론과 삶의 결정론과 삶의 행동론을 올바로 알고 예수님 안에서 성령님과 말씀을 따라 주어진 삶에 대한 당위성과 필연성을 지혜롭게 적용하며 성실하게 사는 삶입니다.

그러므로 성삼위 하나님의 은혜로 "호크마"(지혜)를 따라 성실하게 살아가며 하나님을 영화롭게 하는 우리 모두가 되기를 기도합니다.

잠언 6장 12~15절

> "그러므로 그의 재앙이 갑자기 내려 당장에 멸망하여 살릴 길이 없으리라"(잠 6:15, 개역개정판)
>
> "그러므로 그의 재앙은 갑자기 올 것이다. 그는 갑자기 부서질 것이다. 그리고 치료함이 없을 것이다"(잠 6:15, 원문직역)

잠언 6장 12~15절은 "아담 벨리야알"(가치없고 무의미하고 쓸모없는 자)과 "이쉬 아웬"(사악한 자)에 대한 말씀입니다.

가치없고 무의미하고 쓸모없는 자인 "아담 벨리야알"과 악으로 완전히 굳어진 "이쉬 아웬"은 배도하고 배교한 적그리스도에 속한 자입니다.

"그리스도와 벨리알이 어찌 조화되며 믿는 자와 믿지 않는 자가 어찌 상관하며"(고후 6:15)

배도와 배교를 해서 적그리스도에 속한 자는?

첫째, 진리를 버린 사상적으로 타락한 자입니다.

"불량하고 악한 자는 구부러진 말을 하고 다니며"(잠 6:12)

비뚤어지고 구부러지고 정직하지 못한 말을 계속해서 뿜어대고 돌아다니며 생활을 합니다.

둘째, 사람들을 다루는 고도의 테크닉이 있습니다.

"눈짓을 하며 발로 뜻을 보이며 손가락질을 하며"(잠 6:13)

셋째, 마음이 "타흐푸코트"(고집이 세고, 사악하고, 성미가 꼬여짐)합니다.

"그의 마음에 패역을 품으며 항상 악을 꾀하여 다툼을 일으키는 자라"(잠 6:14)

넷째, 갑자기 재앙이 임합니다.

"그러므로 그의 재앙이 갑자기 내려"(잠 6:15상)

다섯째, 순식간에 망합니다.

"당장에 멸망하여"(잠 6:15중)

여섯째, "마르페"(치료책, 구제책)가 없습니다.

"살릴 길이 없으리라"(잠 6:15하)

"호크마"(지혜)로 살아가는 하나님의 자녀들은 배도와 배교를 해서 적그리스도에 속한 자의 삶을 사는 자들을 조심하고 경계하고 자신도 두려워해야 합니다.

"그들에게 일어난 이런 일은 본보기가 되고 또한 말세를 만난 우리를 깨우치기 위하여 기록되었느니라 그런즉 선 줄로 생각하는 자는 넘어질까 조심하라"(고전 10:11~12)

그러므로 성삼위 하나님의 은혜로 "호크마"(지혜)를 따라 살아가며 하나님을 영화롭게 하는 우리 모두가 되기를 기도합니다.

잠언 6장 16~19절

> "여호와께서 미워하시는 것 곧 그의 마음에 싫어하시는 것이 예닐곱 가지이니"(잠 6:16, 개역개정판)
>
> "여호와께서 미워하시는 것이 여섯 가지이다. 그리고 그의 마음에 역겨운 것은 일곱 가지이다"(잠 6:16, 원문직역)

잠언 6장 16~19절에는 하나님께서 미워하시는 악행들이 기록되어 있습니다.

솔로몬은 하나님께서 미워하시는 악행들을 동의적이고 점진적 병행법으로 강조하고 있습니다.

"여호와께서 미워하시는 것 곧 그의 마음에 싫어하시는 것이 예닐곱 가지이니"(잠 6: 16, 개역한글판)

"여호와께서 미워하시는 것이 여섯 가지이다. 그리고 그의 마음에 역겨운 것은 일곱 가지이다"(잠 6:16, 원문직역)

하나님께서 미워하시고 역겨워하시는 죄악들은?

첫째, 스스로 자아 도취가 날마다 높아지고 있는 눈들입니다.

"곧 교만한 눈과"(잠 6:17상)

우리 안에 계신 주님은 겸손하신 분입니다.

둘째, 거짓말하는 혀입니다.

"거짓된 혀와"(잠 6:17중)

우리 안에 계신 주님은 진실하신 분입니다.

셋째, 무죄한 자의 피를 흘리는 손입니다.

"무죄한 자의 피를 흘리는 손과"(잠 6:17하)

우리 안에 계신 주님은 사랑입니다.

넷째, 사악한 계획을 궁리하는 마음입니다.

"악한 계교를 꾀하는 마음과"(잠 6:18상)

우리 안에 계신 주님은 선하신 분입니다.

다섯째, 악으로 빨리 달려가는 발들입니다.

"빨리 악으로 달려가는 발과"(잠 6:17하)

우리 안에 계신 주님은 구원의 열심을 가지신 분입니다.

여섯째, 거짓말들을 쏟아내는 거짓 증인입니다.

"거짓을 말하는 망령된 증인과"(잠 6:19상)

우리 안에 계신 주님은 진실입니다.

일곱째, 형제들 사이에 분쟁을 일으키는 자입니다.

"및 형제 사이를 이간하는 자이니라"(잠 6:19하)

우리 안에 계신 주님은 화평하신 분입니다.

하나님께서는 자아 도취된 교만한 눈으로 거짓 교리를 말하며 자신의 이익 가치를 위하여 다른 사람들에게 피해 주는 것을 미워하시고 역겨워하십니다.

우리가 "소마"(육체)가운데 거하고 있는 이상 우리들 속에는 하나님께서 미워하시고 역겨워하시는 죄의 질료인 율법의 낯선 여인과 같은 음녀인 "자라" 즉 육체의 소욕이 있습니다.

하나님의 자녀들은?

첫째, 구속의 주님이시고 치료의 주님이신 예수님을 믿고 날마다 죄 죽이기와 영 살리기를 해야 합니다.

"형제들아 내가 그리스도 예수 우리 주 안에서 가진 바 너희에 대한 나의 자랑을 두고 단언하노니 나는 날마다 죽노라"(고전 15:31)

둘째, 성령님과 말씀을 따라 살아야 합니다.

"주께서 사랑하시는 형제들아 우리가 항상 너희에 관하여 마땅히 하나님께 감사할 것은 하나님이 처음부터 너희를 택하사 성령의 거룩하게 하심과 진리를 믿음으로 구원을 받게 하심이니"(살후 2:13)

셋째, 의의 병기가 되도록 "무사르"(경건의 훈련)를 날마다 해야합니다.

"또한 너희 지체를 불의의 무기로 죄에게 내주지 말고 오직 너희 자신을 죽은 자 가운데서 다시 살아난 자 같이 하나님께 드리며 너희 지체를 의의 무기로 하나님께 드리라"(롬 6:13)

넷째, 은혜 언약의 은총안에서 살아야 합니다.

"오직 우리 주 곧 구주 예수 그리스도의 은혜와 저를 아는 지식에서 자라가라 영광이 이제와 영원한 날까지 저에게 있을지어다"(벧후 3:18)

"호크마"(지혜)를 선물로 받은 하나님의 자녀들은 날마다 주님을 알아가고 닮아가는 사람입니다.

그러므로 성삼위 하나님의 은혜로 "호크마"(지혜)를 따라 살아가며 하나님을 영화롭게 하는 우리 모두가 되기를 기도합니다.

잠언 6장 20~35절

> "내 아들아 네 아비의 명령을 지키며 네 어미의 법을 떠나지 말고"(잠 6:20, 개역개정판)

> "내 아들아 너는 네아버지의 명령을 지키라. 그리고 너는 네 어머니의 법을 버리지 마라"(잠 6:20, 원문직역)

잠언 6장 20~35절은 은혜 언약의 은총 가운데 사는 삶과 율법의 낯선 여인인 음녀 "자라"를 따라 음행가운데 사는 삶을 가르치고 있습니다.

하나님의 자녀들은 은혜 언약의 은총 가운데 사는 사람들입니다.
"내 아들아 네 아비의 명령을 지키며 네 어미의 법을 떠나지 말고"(잠 6:20)

은혜 언약가운데 살아가는 하나님의 자녀들이 받는 은총은?

첫째, 인도와 보호와 가르침을 받는 은총입니다.
"그것이 네가 다닐 때에 너를 인도하며 네가 잘 때에 너를 보호하며 네가 깰 때에 너와 더불어 말하리니"(잠 6:22)

둘째, 진리의 영인 성령님을 따라 사는 은총입니다.
"대저 명령은 등불이요 법은 빛이요"(잠 6:23상)

셋째, 생명의 길을 걸어가게 하는 말씀을 따라 사는 은총입니다.
"훈계의 책망은 곧 생명의 길이라"(잠 6:23하)

넷째, 율법의 낯선 여인인 음녀 "자라"로부터 지켜주는 은총입니다.

"이것이 너를 지켜 악한 여인에게, 이방 여인의 혀로 호리는 말에 빠지지 않게 하리라"(잠 6:24)

"호크마"(지혜)가 있는 하나님의 자녀들은 항상 은혜 언약의 은총인 복음 가운데 살아갑니다.

"그것을 항상 네 마음에 새기며 네 목에 매라"(잠 6:21)

율법의 낯선 여인인 음녀 "자라"를 따라가는 삶은 세상적인 기쁨과 즐거움과 쾌락과 음란을 따라 사는 삶입니다.

"네 마음에 그의 아름다움을 탐하지 말며 그 눈꺼풀에 홀리지 말라"(잠 6:25)

율법의 낯선 여인인 음녀 "자라"를 끊어내지 못하고 "자나"("자라"와 관계를 맺는 것)하면?

"음녀로 말이암아"(잠 6:26상)

첫째, 무형 재산과 유형 재산이 탕진됩니다.

"음녀로 말미암아 사람이 한 조각 떡만 남게 됨이며"(잠 6:26중)

둘째, 현세적 생명과 내세적 생명을 잃어버리게 됩니다.

"음란한 여인은 귀한 생명을 사냥함이니라"(잠 6:26하)

셋째, 반드시 대가를 치루게 됩니다.

"사람이 불을 품에 품고서야 어찌 그의 옷이 타지 아니하겠으며 사람이 숯불을 밟고서야 어찌 그의 발이 데지 아니하겠느냐 남의 아내와 통간하는 자도 이와 같을

것이라 그를 만지는 자마다 벌을 면하지 못하리라 도둑이 만일 주릴 때에 배를 채
우려고 도둑질하면 사람이 그를 멸시하지는 아니하려니와 들키면 칠 배를 갚아야
하리니 심지어 자기 집에 있는 것을 다 내주게 되리라"(잠 6:27~31)

율법의 낯선 여인인 음녀 "자라"와 "자나"(관계를 맺는 것) 하는 자는?

첫째, 지각이 없는 무지한 자입니다.
"여인과 간음하는 자는 무지한 자라"(잠 6:32상)

둘째, 자기 스스로 자기 영혼을 파멸시키는 자입니다.
"이것을 행하는 자는 자기의 영혼을 망하게 하며"(잠 6:32하)

셋째, 매를 맞고 치욕을 당하며 그 수치가 지워지지 않는 자입니다.
"상함과 능욕을 받고 부끄러움을 씻을 수 없게 되나니"(잠 6:33)

넷째, 보복과 심판을 엄중하게 받게 되는 자입니다.
"남편이 투기로 분노하여 원수 갚는 날에 용서하지 아니하고 어떤 보상도 받지 아
니하며 많은 선물을 줄지라도 듣지 아니하리라"(잠 6:34~35)

율법의 낯선 여인인 음녀 "자라"와 "자나"(관계를 맺는 것)하고 "조나"(영적인
매춘부)가 된 자의 살길은 회개하는 길밖에 없습니다.
"내 이름으로 일컫는 내 백성이 그들의 악한 길에서 떠나 스스로 낮추고 기도하
여 내 얼굴을 찾으면 내가 하늘에서 듣고 그들의 죄를 사하고 그들의 땅을 고칠지
라"(대하 7:14)

하나님의 자녀들이 은혜 언약의 은총인 복음을 따라 사는 삶을 버리고 세

상적인 기쁨과 즐거움과 쾌락과 음란을 기뻐하고 즐거워하면 내적 생명이 무너지고 삶의 기반이 흔들리며 미래가 없어집니다.

그러므로 성삼위 하나님의 은혜로 은혜 언약의 은총인 복음을 따라 살아가며 하나님을 영화롭게 하는 우리 모두가 되기를 기도합니다.

잠언 7장 1~5절

> "지혜에게 너는 내 누이라 하며 명철에게 너는 내 친족이라 하라"(잠 7:4, 개역개정판)
>
> "지혜에게 너는 내 누이다 라고 말하라. 그리고 명철에게 너는 친척이라고 부르라"(잠 7:4, 원문직역)

잠언 7장 1~5절은 "호크마"(지혜)를 소중히 여기라는 말씀입니다.

예수님의 의의 전가로 "호크마"(지혜)를 선물로 받은 하나님의 자녀들은?

첫째, 하나님의 말씀들을 잘 지켜야 합니다.
"내 아들아 내 말을 지키며"(잠 7:1상)

둘째, 하나님의 명령(계명)들을 소중하게 간직해야 합니다.
"내 계명을 간직하라"(잠 7:1하)

셋째, 하나님의 명령(계명)들을 지키며 살아야 합니다.
"내 계명을 지켜 살며"(잠 7:2상)

넷째, 하나님의 법을 눈동자처럼 소중하게 지켜야 합니다.
"내 법을 네 눈동자처럼 지키라"(잠 7:2하)

다섯째, "호크마"(지혜)를 하나님과 혼인한 결혼 반지처럼 항상 끼고 살아야 합니다.

"이것을 네 손가락에 매며"(잠 7:3상)

여섯째, "호크마"(지혜)를 마음판에 새겨야 합니다.

"이것을 네 마음판에 새기라"(잠 7:3하)

일곱째, 누이처럼 사랑하고 친족처럼 친근하게 여겨야 합니다.

"지혜에게 너는 내 누이라 하며 명철에게 너는 내 친족이라 하라"(잠 7:4)

하나님께서 주신 선물인 "호크마"(지혜)를 최고의 가치로 알고 "호크마"(지혜)를 따라 사는 하나님의 자녀들은?

첫째, 율법의 낯선 여인인 음녀 "자라"로부터 보호 받습니다.

"그리하면 이것이 너를 지켜서 음녀에게,"(잠 7:5상)

둘째, 음란으로부터 보호 받습니다.

"말로 호리는 이방 여인에게 빠지지 않게 하리라"(잠 7:5하)

"호크마"(지혜)는 예수님의 의의 전가로 주어지는 최고의 선물입니다.

"대저 지혜는 진주보다 나으므로 원하는 모든 것을 이에 비교할 수 없음이니라"(잠 8:11)

그러므로 성삼위 하나님의 은혜로 고귀한 선물(은사)인 "호크마"(지혜)를 소중히 여기고 지키고 따라 살아가며 하나님을 영화롭게 하는 우리 모두가 되기를 기도합니다.

잠언 7장 6~27절

> "그의 집은 스올의 길이라 사망의 방으로 내려가느니라"(잠 7:27, 개역개정판)

> "그 여자의 집은 스올의 길이고 죽음의 방들로 내려가고 있는 길이다"(잠 7:27, 원문직역)

잠언 7장 6~27절은 "호크마"(지혜) 없는 사람과 율법의 낯선 여인인 음녀 "자라"에 대한 말씀입니다.

"호크마"(지혜)가 없는 "페타임"(어리석은)에 속한 사람은?

첫째, 생각이 모자랍니다.
  "어리석은 자 중에, 젊은이 가운데에 한 지혜 없는 자를 보았노라"(잠 7:7)

둘째, 스스로 율법의 낯선 여인인 음녀 "자라"를 찾아갑니다.
  "그가 거리를 지나 음녀의 골목 모퉁이로 가까이 하여 그의 집쪽으로 가는데 저물 때, 황혼 때, 깊은 밤 흑암 중에라"(잠 7:8~9)

셋째, 율법의 낯선 여인인 음녀 "자라"와 관계를 맺습니다.
  "젊은이가 곧 그를 따랐으니"(잠 7:22상)

율법의 낯선 여인은 음녀 "자라"는 매춘부를 가르치지만 세상의 즐거움과 악하고 음란한 세상의 "contents"를 표상하기도 합니다.

율법의 낯선 여인인 음녀 "자라"는?

첫째, 일상적 삶에서 유혹을 합니다.
"그 때에 기생의 옷을 입은 간교한 여인이 그를 맞으니 이 여인은 떠들며 완악하며 그의 발이 집에 머물지 아니하여 어떤 때에는 거리, 어떤 때에는 광장 또 모퉁이마다 서서 사람을 기다리는 자라"(잠 7:10~12)

둘째, 즐거움을 주며 더 큰 즐거움으로 설득을 합니다.(잠 7:16~21)
"내 침상에는 요와 애굽의 무늬 있는 이불을 폈고 몰약과 침향과 계피를 뿌렸노라 오라 우리가 아침까지 흡족하게 서로 사랑하며 사랑함으로 희락하자"(잠 7:16~18)

셋째, 즐거움이 하나님이 준 은혜와 선물이라고 주장합니다.
"그 여인이 그를 붙잡고 그에게 입맞추며 부끄러움을 모르는 얼굴로 그에게 말하되 내가 화목제를 드려 서원한 것을 오늘 갚았노라 이러므로 내가 너를 맞으려고 나와 네 얼굴을 찾다가 너를 만났도다"(잠 7:13~15)

율법의 낯선 여인인 음녀 "자라"와 관계를 맺고 계속해서 사는 사람은?

첫째, 필연적 멸망을 당합니다.
"젊은이가 곧 그를 따랐으니 소가 도수장으로 가는 것 같고 미련한 자가 벌을 받으려고 쇠사슬에 매이러 가는 것과 같도다 필경은 화살이 그 간을 뚫게 되리라 새가 빨리 그물로 들어가되 그의 생명을 잃어버릴 줄을 알지 못함과 같으니라"(잠 7:22~23)

둘째, 역사적 사실가운데 율법의 낯선여인인 음녀 "자라"에게 당한 사람중한 사람이 됩니다.

"대저 그가 많은 사람을 상하여 엎드러지게 하였나니 그에게 죽은 자가 허다하니라"(잠 7:26)

셋째, 음부의 길인 지옥으로 내려가는 길과 사망으로 내려가는 길로 지금 현재로 걸어가고 있는 사람입니다.

하나님의 자녀들은 "호크마"(지혜)로 마음을 지키고 삶을 지켜야 합니다.

"이제 아들들아 내 말을 듣고 내 입의 말에 주의하라 네 마음이 음녀의 길로 치우치지 말며 그 길에 미혹되지 말지어다"(잠 7:24~25)

특별히 악하고 음란한 세상 "contents"로부터 자신을 지켜야 합니다.

그러므로 성삼위 하나님의 은혜로 "호크마"(지혜)를 따라 살아가며 하나님을 영화롭게 하는 우리 모두가 되기를 기도합니다.

잠언 8장 1~11절

> "대저 지혜는 진주보다 나으므로 원하는 모든 것을 이에 비교할 수 없음이니라"(잠 8:11, 개역개정판)
>
> "왜냐하면 지혜는 진주보다 좋으며 그리고 (네가) 원하는 모든 것도 그것과 결코 비교할 수 없기 때문이다"(잠 8:11, 원문직역)

잠언 8장 1~11절에는 "호크마"(지혜)의 부르심과 "호크마"(지혜)의 소중한 가치에 대한 말씀이 기록되어 있습니다.

"호크마"(지혜)가 의인화 되어 삶의 모든 영역에서 모든 사람들을 부르고 있습니다.

> "지혜가 부르지 아니하느냐 명철이 소리를 높이지 아니하느냐 그가 길 가의 높은 곳과 네거리에 서며 성문 곁과 문 어귀와 여러 출입하는 문에서 불러 이르되 사람들아 내가 너희를 부르며 내가 인자들에게 소리를 높이노라"(잠 8:1~4)

"호크마"(지혜)의 실체이신 예수님께서는 지금도 일반 은총인 천지 만물과 특별 은총인 진리를 공적으로 선포하시며 모든 사람들을 부르고 계십니다.

> "빛이 어둠에 비치되 어둠이 깨닫지 못하더라"(요 1:5)

예수님께서 죄인 된 인생들을 부르시는 이유는?

첫째, 슬기로움을 주시기 위함입니다.

"어리석은 자들아 너희는 명철할지니라"(잠 8:5상)

어리석은 자들에게 구원의 지식을 주시기 위함입니다.

둘째, 자신의 마음을 이해하게 하기 위함합니다.
"미련한 자들아 너희는 마음이 밝을지니라"(잠 8:5하)

미련한 자들로 하여금 만물보다 거짓되고 부패한 것이 인간의 마음인 것을 깨닫고 구원의 진리의 말씀인 복음을 깨닫게 하기 위함입니다.

셋째, 구원의 지식의 가장 선한 것을 알게하기 위함입니다.
"너희는 들을지어다 내가 가장 선한 것을 말하리라"(잠 8:6상)

넷째, 공정하고 정직한 것을 깨닫게 하기 위함입니다.
"내 입술을 열어 정직을 내리라"(잠 8:6하)

다섯째, 진리를 사랑하고 악을 미워하게 하기 위함입니다.
"내 입은 진리를 말하며 내 입술은 악을 미워하느니라"(잠 8:7)

여섯째, 의로움을 주시기 위함입니다.
"내 입의 말은 다 의로운즉 그 가운데에 굽은 것과 패역한 것이 없나니"(잠 8:8)

일곱째, 구원에 대한 모든 것들을 명확하게 이해할 수 있도록 하기 위함입니다.
"이는 다 총명 있는 자가 밝히 아는 바요"(잠 8:9상)

여덟째, 올곧은 구원의 지식을 얻게 하기 위함입니다.

"지식 얻은 자가 정직하게 여기는 바니라"(잠 8:9하)

예수님께서 주시는 "호크마"(지혜)는 은과 정금보다 세상의 어떤 가치보다 가장 소중한 가치입니다.

"너희가 은을 받지 말고 나의 훈계를 받으며 정금보다 지식을 얻으라 대저 지혜는 진주보다 나으므로 원하는 모든 것을 이에 비교할 수 없음이니라"(잠 8:10~11)

그러므로 성삼위 하나님의 은혜로 "호크마"(지혜)의 실체이신 예수님께서 주시는 "호크마"(지혜)로 살아가며 하나님을 영화롭게 하는 우리 모두가 되기를 기도합니다.

잠언 8장 12~21절

> "나는 정의로운 길로 행하며 공의로운 길 가운데로 다니나니"(잠 8:20, 개역개정판)
>
> "나는 의로운 길로 다닌다. 공의의 길들 가운데에 있어서"(잠 8:20, 원문직역)

잠언 8장 12~21절에는 "호크마"(지혜)의 유익함에 대한 말씀이 기록되어 있습니다.

"호크마"(지혜)는?

첫째, 교리적 성결과 도덕적 성결의 삶을 살게 합니다.
"나 지혜는 명철로 주소를 삼으며 지식과 근신을 찾아 얻나니"(잠 8:12)

둘째, 여호와를 경외함에 대하여 가르칩니다.
"여호와를 경외하는 것은 악을 미워하는 것이라 나는 교만과 거만과 악한 행실과 패역한 입을 미워하느니라"(잠 8:13)

셋째, 하나님의 통치에 참여되는 지식과 지혜와 능력을 주십니다.
"내게는 계략과 참 지식이 있으며 나는 명철이라 내게 능력이 있으므로 나로 말미암아 왕들이 치리하며 방백들이 공의를 세우며 나로 말미암아 재상과 존귀한 자 곧 모든 의로운 재판관들이 다스리느니라"(잠 8:14~16)

넷째, "호크마"(지혜)의 실체이신 예수님을 사랑하고 찾게 만듭니다.

"나를 사랑하는 자들이 나의 사랑을 입으며 나를 간절히 찾는 자가 나를 만날 것이니라"(잠 8:17)

다섯째, 의로운 부와 의로운 명예와 의로운 가치있는 재산을 부여합니다.
"부귀가 내게 있고 장구한 재물과 공의도 그러하니라"(잠 8:18)

여섯째, 가장 아름다운 열매인 성령의 열매를 맺게 합니다.
"내 열매는 금이나 정금보다 나으며 내 소득은 순은보다 나으니라"(잠 8:19)

일곱째, "체다카"(의)와 "미쉬파트"(공의) 안에서 살게 합니다.
"나는 정의로운 길로 행하며 공의로운 길 가운데로 다니나니"(잠 8:20)

여덟째, 하나님 나라를 유업으로 받게 합니다.
"이는 나를 사랑하는 자가 재물을 얻어서"(잠 8:21상, 개역한글판)
"나를 사랑하는 자들에게 유업을 주며"(잠 8:21상, 원문직역)

아홉째, 우리들의 영혼 속에 하늘에 속한 신령한 복을 채워 주십니다.
"그 곳간에 채우게 하려 함이니라"(잠 8:21하, 개역개정판)
"그리고 그들의 창고들을 내가 채워줄 것이다"(잠 8:21하, 원문직역)

예수님 안에 모든 지혜와 지식의 보화가 감추어져 있습니다.
"그 안에는 지혜와 지식의 모든 보화가 감추어져 있느니라"(골 2:3)

그러므로 성삼위 하나님의 은혜로 "호크마"(지혜)를 따라 살며 하나님을 영화롭게 하는 우리 모두가 되기를 기도합니다.

잠언 8장 22~31절

> "내가 그 곁에 있어서 창조자가 되어 날마다 그의 기뻐하신 바가 되었으며 항상 그 앞에서 즐거워하였으며" (잠 8:30, 개역개정판)
>
> "그리고 나는 그의 옆에 장인(만드는 자)으로 있었다. 그리고 나는 날마다 기쁨이 있었다. 항상 그 앞에서 즐거워하고 있었다" (잠 8:30, 원문직역)

잠언 8장 22~31절에는 "호크마"(지혜)의 기원에 대한 말씀이 기록되어 있습니다.

"호크마"(지혜)의 실체는 예수님입니다.

잠언 8장 22~31절까지의 말씀을 이해하려면 삼위일체 신론을 먼저 다루어야 합니다.

삼위일체 하나님은?

첫째, 일체성을 가지고 있습니다.
"하나의 본체 안에 하나의 본질 안에 동일 속성과 삼위로 존재하시는 분"입니다.

둘째, 관계성(내재적, 존재론적)을 가지고 있습니다.

1) 성부의 영원성과 자존성입니다. 영원전부터 스스로 존재하시는 성부께서는 낳으심을 받으시거나 나오시지 않는 영원하시고 자존하시는 분입니다.
2) 성자의 영원한 낳으신 받음 입니다. 영원전부터 스스로 존재하시는 성자께서는 성부로부터 영원전에 낳으심을 받으신 분입니다.
3) 성령의 영원한 나오심입니다. 영원전부터 스스로 존재하시는 성령께서는 영원전에 성부와 성자로부터 나오시는 분입니다. 존재론적 삼위일체는 이러한 내적 관계와 수평적 관계의 위치에서 가르치는 내적 질서가 있습니다.

셋째, 위격의 고유성을 가지고 있습니다.
1) 일하심의 시작이신 성부께서는 일하심의 지혜이신 성자안에서 일하심의 능력과 작용이신 성령을 통하여 또는 일하심의 능력과 작용이신 성령 안에서 일하심의 지혜이신 성자를 통하여 창조의 사역을 담당하십니다.
2) 일하심의 지혜이신 성자께서는 일하심의 시작이신 성부로부터 낳으심을 받으시고 성령을 통하여 구속의 사역을 담당하십니다.
3) 일하심의 능력과 작용이신 성령님께서는 성부와 성자로부터 나오셔서 운행하시고 역사하시고 다스리시며 중생과 성화의 사역을 담당하십니다.

넷째, 동등성을 가지고 있습니다.
삼위일체 하나님께서는 항상 함께 계시고 앞서시는 것도 없으시고 뒤서시는 것도 없으시며 더 크신 위격도 없으시고 더 작으신 위격도 없으십니다.

"호크마"(지혜)의 실체이신 예수님께서는 성자 하나님입니다.

성자 하나님이신 예수님께서는?

첫째, 영원 전부터 스스로 존재하시는 분입니다.
"여호와께서 그 조화의 시작"(잠 8:22상)

둘째, 성부로부터 낳으심을 받으신 분입니다.
"곧 태초에 일하시기 전에 나를 가지셨으며 만세 전부터, 태초부터, 땅이 생기기 전부터 내가 세움을 받았나니 아직 바다가 생기지 아니하였고 큰 샘들이 있기 전에 내가 이미 났으며 산이 세워지기 전에, 언덕이 생기기 전에 내가 이미 났으니 하나님이 아직 땅도, 들도, 세상 진토의 근원도 짓지 아니하셨을 때에라"(잠 8:22하~26)

셋째, 창조의 사역을 기쁨과 즐거움으로 담당하신 분입니다.
"그가 하늘을 지으시며 궁창을 해면에 두르실 때에 내가 거기 있었고 그가 위로 구름 하늘을 견고하게 하시며 바다의 샘들을 힘 있게 하시며 바다의 한계를 정하여 물이 명령을 거스르지 못하게 하시며 또 땅의 기초를 정하실 때에 내가 그 곁에 있어서 창조자가 되어 날마다 그의 기뻐하신 바가 되었으며 항상 그 앞에서 즐거워하였으며"(잠 8:27~30)

넷째, 모든 만물을 창조하시고 특별히 하나님의 형상대로 창조하신 사람을 보고 기뻐하셨습니다.
"사람이 거처할 땅에서 즐거워하며 인자들을 기뻐하였느니라"(잠 8:31)

사도 요한은 성자 하나님이신 예수님에 대하여 이렇게 증언합니다.

"태초에 말씀이 계시니라 이 말씀이 하나님과 함께 계셨으니 이 말씀은 곧 하나님 이시니라 그가 태초에 하나님과 함께 계셨고 만물이 그로 말미암아 지은 바 되었으니 지은 것이 하나도 그가 없이는 된 것이 없느니라 그 안에 생명이 있었으니 이 생명은 사람들의 빛이라 빛이 어둠에 비치되 어둠이 깨닫지 못하더라"(요 1:1~5)

"호크마"(지혜)와 "로고스"(말씀)의 실체이신 예수님은 보이지 않는 하나님의 형상이시고 하나님의 영광의 광채이시고 본체의 형상입니다.

"그는 보이지 아니하는 하나님의 형상이시요 모든 피조물보다 먼저 나신 이시니 만물이 그에게서 창조되되 하늘과 땅에서 보이는 것들과 보이지 않는 것들과 혹은 왕권들이나 주권들이나 통치자들이나 권세들이나 만물이 다 그로 말미암고 그를 위하여 창조되었고 또한 그가 만물보다 먼저 계시고 만물이 그 안에 함께 섰느니라"(골 1:15~17)

"이는 하나님의 영광의 광채시요 그 본체의 형상이시라 그의 능력의 말씀으로 만물을 붙드시며 죄를 정결하게 하는 일을 하시고 높은 곳에 계신 지극히 크신 이의 우편에 앉으셨느니라"(히 1:3)

그러므로 성삼위 하나님의 은혜로 "호크마"(지혜)와 "로고스"(말씀)의 실체이신 예수님을 따라 살아가며 하나님을 영화롭게 하는 우리 모두가 되기를 기도합니다.

잠언 8장 32~36절

> "대저 나를 얻는 자는 생명을 얻고 여호와께 은총을 얻을 것임이니라"(잠 8:35, 개역개정판)
>
> "왜냐하면 나를 찾고 있는 사람은 그는 생명을 찾을 것이다. 그리고 그는 여호와로부터 은총을 받기 때문이다"(잠 8:35, 원문직역)

잠언 8장 32~36절은 "호크마"(지혜)를 따라 사는 사람들의 자세와 "호크마"(지혜)를 따라 사는 사람들에게 임하는 복과 "호크마"(지혜)를 거부하는 사람들에게 임하는 재앙을 기록하고 있습니다.

"호크마"(지혜)를 따라 사는 사람들은?

첫째, 하나님 말씀을 듣고 순종하는 사람입니다.
"아들들아 이제 내게 들으라 내 도를 지키는 자가 복이 있느니라"(잠 8:32)

하나님 말씀을 듣는 믿음과 하나님 말씀에 대한 순종은 분리된 것도 아니고 믿음 뒤에 순종이 따라 오는 것도 아닌 하나님께서 단번에 주신 복입니다.

둘째, 훈계를 듣고 지혜로워지는 사람입니다.
"훈계를 들어서 지혜를 얻으라"(잠 8:33상)

셋째, 지혜를 놓치지 않는 사람입니다.

"그것을 버리지 말라"(잠 8:33하)

넷째, 날마다 지혜의 말씀을 겸손하고 간절하게 듣는 사람입니다.

"누구든지 내게 들으며 날마다 내 문 곁에서 기다리며 문설주 옆에서 기다리는 자는 복이 있나니"(잠 8:34)

"호크마"(지혜)를 따라 사는 사람들에게 임하는 복은?

첫째, 자신의 생명을 찾는 복입니다.

"대저 나를 얻는 자는 생명을 얻고"(잠 8:35상)

1) 하나님의 자녀가 되는 영생의 복입니다.
2) 하나님과의 거룩한 사귐과 다스림에 참여되는 영원한 생명의 복입니다.
3) 하나님의 은혜를 누리는 내적 생명의 복입니다.

둘째, 여호와께 "라촌"(은총, 호의)을 받는 복입니다.

"여호와께 은총을 얻을 것임이니라"(잠 8:35하)

하나님의 부성적 사랑과 부성적 호의와 부성적 돌보심과 부성적 자비와 부성적 관용과 단회적 구원과 반복적 구원의 은혜를 받는 은총입니다.

"호크마"(지혜)를 스스로 거부하는 임하는 사람들에게 임하는 재앙은?

첫째, 스스로 자기 영혼에게 폭행을 가하는 재앙입니다.

"그러나 나를 잃는 자는 자기의 영혼을 해하는 자라"(잠 8:36상)

둘째, 스스로 죽음을 사랑하는 재앙입니다.

"나를 미워하는 자는 사망을 사랑하느니라"(잠 8:36하)

그러므로 성삼위 하나님의 은혜로 "호크마"(지혜)를 사랑하고 "호크마"(지혜)를 따라 살아가며 하나님을 영화롭게 하는 우리 모두가 되기를 기도합니다.

잠언 9장 1~6절

> "지혜가 그의 집을 짓고 일곱 기둥을 다듬고"(잠 9:1, 개역개정판)
>
> "지혜가 자신의 집을 지었다. 일곱 기둥을 깍았다"(잠 9:1, 원문직역)

잠언 9장 1~6절에는 "호크모트"(지혜)의 사역에 대한 말씀이 기록되어 있습니다.

"호크마"(지혜)의 복수 명사인 "호크모트"(지혜)는?

1) 하나님의 아들에 대한 대명사로 예수님을 표상합니다.
"지혜는 자기의 모든 자녀로 인하여 옳다 함을 얻느니라"(눅 7:35)

2) 특별 은총의 말씀과 일반 은총을 포괄적으로 표상하기도 합니다.
"호크모트"(지혜)의 실체이시고 교회의 머리이신 예수님은 자신의 교회를 세우십니다.

"지혜가 그의 집을 짓고"(잠 9:1상)
"이에 가르쳐 이르시되 기록된 바 내 집은 만민의 기도하는 집이라 칭함을 받으리라고 하지 아니하였느냐 너희는 강도의 굴혈을 만들었도다 하시매"(막 11:17)

교회의 머리이신 예수님께서 세우시는 교회는?

첫째, 음부의 권세가 이기지 못하는 완전한 교회입니다.

"일곱 기둥을 다듬고"(잠 9:1하)

"또 내가 네게 이르노니 너는 베드로라 내가 이 반석 위에 내 교회를 세우리니 음부의 권세가 이기지 못하리라"(마 16:18)

둘째, 은혜 언약의 은총인 복음의 은총이 충만한 교회입니다

"짐승을 잡으며 포도주를 혼합하여 상을 갖추고"(잠 9:2)

"예수께서 다시 비유로 대답하여 가라사대 천국은 마치 자기 아들을 위하여 혼인 잔치를 베푼 어떤 임금과 같으니"(마 22:1~2)

셋째, 복음을 전파하는 교회입니다.

"그 여종을 보내어 성중 높은 곳에서 불러 이르기를"(잠 9:3)

"예수께서 나아와 일러 가라사대 하늘과 땅의 모든 권세를 내게 주셨으니 그러므로 너희는 가서 모든 족속으로 제자를 삼아 아버지와 아들과 성령의 이름으로 세례를 주고 내가 너희에게 분부한 모든 것을 가르쳐 지키게 하라 볼지어다 내가 세상 끝날까지 너희와 항상 함께 있으리라 하시니라"(마 28:18~20)

"오직 성령이 너희에게 임하시면 너희가 권능을 받고 예루살렘과 온 유대와 사마리아와 땅 끝까지 이르러 내 증인이 되리라 하시니라"(행 1:8)

복음을 전파하는 교회는 복음을 전파해서 교회를 세우는 교회입니다.

넷째, 어리석고 지혜없는 죄인들을 부르는 교회입니다.

"무릇 어리석은 자는 이리로 돌이키라 또 지혜 없는 자에게 이르기를"(잠 9:4)

"예수께서 들으시고 저희에게 이르시되 건강한 자에게는 의원이 쓸 데 없고 병든 자에게라야 쓸 데 있느니라 내가 의인을 부르러 온 것이 아니요 죄인을 부르러 왔노라 하시니라"(막 2:17)

다섯째, 영생의 은총을 베푸시는 교회입니다.

"너는 와서 내 식물을 먹으며 내 혼합한 포도주를 마시고"(잠 9:5)

"나는 하늘로서 내려온 산 떡이니 사람이 이 떡을 먹으면 영생하리라 나의 줄 떡은 곧 세상의 생명을 위한 내 살이로라 하시니라"(요 6:51)

여섯째, 성화의 은총을 베푸시는 교회입니다.

"어리석음을 버리고 생명을 얻으라 명철의 길을 행하라 하느니라"(잠 9:6)

"너희가 전에는 어두움이더니 이제는 주 안에서 빛이라 빛의 자녀들처럼 행하라 빛의 열매는 모든 착함과 의로움과 진실함에 있느니라"(엡 5:8~9)

하나님의 자녀들은 예수님의 몸 된 교회의 지체들입니다.

"내가 참 포도나무요 내 아버지는 그 농부라 무릇 내게 있어 과실을 맺지 아니하는 가지는 아버지께서 이를 제해 버리시고 무릇 과실을 맺는 가지는 더 과실을 맺게 하려 하여 이를 깨끗케 하시느니라 너희는 내가 일러 준 말로 이미 깨끗하였으니 내 안에 거하라 나도 너희 안에 거하리라 가지가 포도나무에 붙어 있지 아니하면 절로 과실을 맺을 수 없음 같이 너희도 내 안에 있지 아니하면 그러하리라 나는 포도나무요 너희는 가지니 저가 내 안에, 내가 저 안에 있으면 이 사람은 과실을 많이 맺나니 나를 떠나서는 너희가 아무 것도 할 수 없음이라 사람이 내 안에 거하지 아니하면 가지처럼 밖에 버리워 말라지나니 사람들이 이것을 모아다가 불에 던져 사르느니라"(요 15:1~6)

그러므로 성삼위 하나님의 은혜로 예수님의 몸 된 교회의 지체 된 위치에서 살아가며 하나님을 영화롭게 하는 우리 모두가 되기를 기도합니다.

잠언 9장 7~12절

> "여호와를 경외하는 것이 지혜의 근본이요 거룩하신 자를 아는 것이 명철이니라"(잠 9:10, 개역개정판)
>
> "여호와를 경외하는 것이 지혜의 시작이다. 그리고 거룩하신 분을 아는 것은 명철이다"(잠 9:10, 원문직역)

잠언 9장 7~12절은 "호크마"(지혜)의 소중한 가치에 대한 말씀입니다.

"호크마"(지혜)의 근본은?

첫째, 여호와를 경외하는 것입니다.
 "여호와를 경외하는 것이 지혜의 근본이요"(잠 9:10상)

1) 선하고 거룩한 위치에서 하나님을 두려워하는 것입니다.
2) 하나님을 신뢰하고 겸손한 위치에서 하나님께 나아가 하나님 말씀을 듣고 순종하는 것입니다.

둘째, 하나님의 이중지식인 삼위일체 하나님과 예수 그리스도를 아는 지식입니다.
 "거룩하신 자를 아는 것이 명철이니라"(잠 9:10하)

"호크마"(지혜)를 따라사는 하나님의 자녀들에게 주시는 복은?

첫째, 영생의 복입니다.

"나 지혜로 말미암아 네 날이 많아질 것이요 네 생명의 해가 네게 더하리라"(잠 9:11)

영생의 복에 대하여 동의적 병행법으로 표현해 봅니다.

1) 하나님의 자녀가 되는 영생의 복입니다.
2) 하나님과의 거룩한 사귐과 거룩한 다스림에 참여되는 영원한 생명의 복입니다.
3) 은혜 언약의 은총 안에서 살아가는 내적 생명의 복입니다.
4) 번영적 의미의 장수의 복입니다.

둘째, 지혜로워지는 복입니다.

"네가 만일 지혜로우면 그 지혜가 네게 유익할 것이나"(잠 9:12상)

"호크마"(지혜)를 나눌 수 있는 대상은?

첫째, 지혜를 사랑하고 사모하는 사람입니다.

"지혜 있는 자를 책망하라 그가 너를 사랑하리라 지혜 있는 자에게 교훈을 더하라 그가 더욱 지혜로워질 것이요"(잠 9:8상~9상)

둘째, "호크마"(지혜)를 따라 살아가고 있는 "레차디크"(의로운 사람)입니다.

"의로운 사람을 가르치라 그의 학식이 더하리라"(잠 9:9하)

"호크마"(지혜)를 나눌수 없는 대상은?

첫째, "레츠"(비웃고 있는 자)입니다.

"거만한 자를 징계하는 자는 도리어 능욕을 받고"(잠 9:7상)

"거만한 자를 책망하지 말라 그가 너를 미워할까 두려우니라"(잠 9:8상)

"호크마"(지혜)를 고의적으로 거부하고 비웃는 자들입니다.

둘째, "호크마"(지혜)를 따라 살고 있지 않는 악인들입니다.

"악인을 책망하는 자는 도리어 흠이 잡히느니라"(잠 9:7하)

"호크마"(지혜)를 스스로 거부하고 조롱하는자는 자신의 모든 짐을 자신 스스로 지고 감당해야 합니다.

"네가 만일 거만하면 너 홀로 해를 당하리라"(잠 9:12하)

그러므로 성삼위 하나님의 은혜로 가장 소중한 가치인 "호크마"(지혜)를 따라 살아가며 하나님을 영화롭게 하는 우리 모두가 되기를 기도합니다.

잠언 9장 13~18절

> "미련한 여인이 떠들며 어리석어서 아무것도 알지 못하고"(잠 9:13, 개역한글판)
>
> "미련한 여자는 떠드는 어리석은 여자이다. 그리고 그녀는 아무것도 알지 못한다"(잠 9:13, 원문직역)

잠언 9장 13~18절은 율법의 낯선 여인인 음녀 "자라"에 대한 말씀입니다.

본문 13절에 나오는 "에쉐트 케실루트"(미련한 여자)는 율법의 낯선 여인인 음녀 "자라"와 동의어입니다.

"에쉐트 케실루트"(미련한 여자)는?

첫째, 사람들을 미혹하기 위해서 계속해서 "호미야"(으르렁대다, 떠들다) 하고 있는 어리석은 여자입니다.

"미련한 여인이 떠들며 어리석어서"(잠 9:13상)

둘째, "호크마"(지혜)에 대한 "다트"(지식)가 없는 여자입니다.

"아무것도 알지 못하고"(잠 9:13하)

셋째, 미혹으로 사람들을 유혹하는 여자입니다.

"자기 집 문에 앉으며 성읍 높은 곳에 있는 자리에 앉아서"(잠 9:14)

넷째, "호크마"(지혜)로 살아가고 있는 하나님의 자녀들을 어리석고 지혜 없는 자라고 부르며 유혹하는 여자입니다.

"자기 길을 바로 가는 행인들을 불러 이르되 어리석은 자는 이리로 돌이키라 또 지혜 없는 자에게 이르기를"(잠 9:15~16)

다섯째, 불법과 쾌락으로 요혹하는 여자입니다.

"도둑질한 물이 달고 몰래 먹는 떡이 맛이 있다 하는도다"(잠 9:17)

"에쉐트 케실루트"(미련한 여자)를 따라가는 어리석은 사람은 내적 생명이 무너지고 스올이라는 음부의 깊은 곳에 거하게 됩니다.

"오직 그 어리석은 자는 죽은 자들이 거기 있는 것과 그의 객들이 스올 깊은 곳에 있는 것을 알지 못하느니라"(잠 9:18)

그러므로 성삼위 하나님의 은혜로 "호크마"(지혜)를 따라 살아가며 하나님을 영화롭게 하는 우리 모두가 되기를 기도합니다.

잠언 10장 1절~7절

> "여호와께서 의인의 영혼은 주리지 않게 하시나 악인의 소욕은 물리치시느니라"(잠 10:3, 개역개정판)
>
> "여호와께서 의인의 영혼은 주리지 않게 하신다. 그러나 악인들의 탐심은 그분께서 밀어내신다"(잠 10:3, 원문 직역)

잠언 10장 1~7절은 의인과 악인에 대한 반의적 병행법으로 가르치는 말씀입니다.

지혜로운 사람은 하나님을 아는 "다아트"(지식)와 "호크마"(지혜)를 따라 살아가는 사람이지만 미련한 사람은 "다아트"(지식)와 "호크마"(지혜)를 따라 살지 않는 사람입니다.

"솔로몬의 잠언이라 지혜로운 아들은 아비를 기쁘게 하거니와 미련한 아들은 어미의 근심이니라"(잠 10:1)

"차디크"(의인)과 "레솨임"(악인들)과의 차이는?

첫째, 의인은 예수님께서 전가하신 의를 따라 살아가지만 악인은 재물을 따라 살아갑니다.

"불의의 재물은 무익하여도 공의는 죽음에서 건지느니라"(잠 10:2)

둘째, 의인은 보편적으로 의식주 문제를 보장받지만 악인의 재물은 그들에게 올무가 됩니다.

> "여호와께서 의인의 영혼은 주리지 않게 하시나 악인의 소욕은 물리치시느니라"(잠 10:3)

셋째, 의인은 성실하고 부지런히 일해서 분배적 풍요를 누리지만 악인은 일할 수 있는 기회비용을 낭비하고 가난하게 됩니다.

> "손을 게으르게 놀리는 자는 가난하게 되고 손이 부지런한 자는 부하게 되느니라 여름에 거두는 자는 지혜로운 아들이나 추수 때에 자는 자는 부끄러움을 끼치는 아들이니라"(잠 10:4~5)

넷째, "호크마"(지혜)를 따라 살아가는 의인의 길에는 복이 있지만 악인의 길에는 그들이 행한 악한 일 때문에 입이 막힙니다.

> "의인의 머리에는 복이 임하나 악인의 입은 독을 머금었느니라"(잠 10:6)

다섯째, 의인은 사람들에게 유익을 주는 삶을 살게 되지만 악인의 이름은 전혀 기억되지 못합니다.

> "의인을 기념할 때에는 칭찬하거니와 악인의 이름은 썩게 되느니라"(잠 10:7)

"차디크"(의인)는 하나님을 아는 지식인 "다아트"와 "호크마"(지혜)로 살아가는 사람이지만 "레쇠임"(악인들)은 "다아트"(지식)와 "호크마"(지혜)에 대한 무지로 살아가는 사람입니다.

> "죄의 삯은 사망이요 하나님의 은사는 그리스도 예수 우리 주 안에 있는 영생이니라"(롬 6:23)

그러므로 성삼위 하나님의 은혜로 "다아트"(지식)와 "호크마"(지혜)를 따라 살아가며 하나님을 영화롭게 하는 우리 모두가 되기를 기도합니다.

잠언 10장 8~14절

> "마음이 지혜로운 자는 계명을 받거니와 입이 미련한 자는 멸망하리라"(잠 10:8, 개역개정판)
>
> "마음이 지혜로운 자는 명령들을 받을 것이다. 그러나 두 입술이 어리석은 자는 멸망을 당할 것이다"(잠 10:8, 원문직역)

잠언 10장 8~14절은 악인과 의인을 대조하며 지혜로운 사람들의 입술과 어리석은 사람들의 입술을 대조하는 반의적 병행법으로 기록하고 있습니다.

하나님을 아는 "다아트"(지식)와 "호크마"(지혜)가 있는 의인과 지혜로운 사람은?

첫째, "미츠오트"(명령들, 계명)에 순종하는 사람입니다.
"마음이 지혜로운 자는 계명을 받거니와"(잠 10:8상)

둘째, "발톰"(교리적 성결과 도덕적 성결)의 위치에서 "베타흐"(안전하게) 걸어가는 사람입니다.
"바른 길로 행하는 자는 걸음이 평안하려니와"(잠 10:9상)

셋째, 생명의 샘과 같은 입을 가진 사람입니다.
"의인의 입은 생명의 샘이라도"(잠 10:11상)

넷째, 연약해서 짓는 모든 "페솨임"(종교적위반, 분쟁)들을 사랑으로 덮는 사람입니다.

"사랑은 모든 허물을 가리느니라"(잠 10:12하)

다섯째, 지혜를 드러내는 입술을 가진 사람입니다.

"명철한 자의 입술에는 지혜가 있어도"(잠 10:13상)

여섯째, 하나님을 아는 "다아트"(지식)를 생각과 마음에 쌓아두는 사람입니다.

"지혜로운 자는 지식을 간직하거니와"(잠 10:14상)

하나님을 아는 "다아트"(지식)와 "호크마"(지혜)가 없는 악인과 어리석은 사람은?

첫째, "에윌"(어리석은)한 입술로 멸망을 받을 자입니다.

"입이 미련한 자는 멸망하리라"(잠 10:8하)

둘째, 굽은 길을 걸어가고 있는 것을 숨겨도 마침내는 드러나게 되는 자입니다.

"굽은 길로 행하는 자는 드러나리라"(잠 10:9하)

셋째, 음흉하게 서로 소통하며 당파를 형성하는 자입니다.

"눈짓하는 자는 근심을 끼치고 입이 미련한 자는 멸망하느니라"(잠 10:10)

"당 짓는 것과 분열함과 이단과"(갈 5:20하)

넷째, 자신의 악을 감추는 회칠한 무덤과 같은 입을 가진 외식하는 자입니다.

"악인의 입은 독을 머금었느니라"(잠 10:11하)
"화 있을진저 외식하는 서기관들과 바리새인들이여 회칠한 무덤 같으니 겉으로는 아름답게 보이나 그 안에는 죽은 사람의 뼈와 모든 더러운 것이 가득하도다"(마 23:27)

다섯째, 미움으로 "마도트"(분쟁)를 일으키는 자입니다.

"미움은 다툼을 일으켜도"(잠 10:12상)

여섯째, 생각이 "하사르"(빈곤, 결여)한 자입니다.

"지혜 없는 자의 등을 위하여는 채찍이 있느니라"(잠 10:13하)

일곱째, 진리가 없고 다른 사람을 해롭게하는 말을 하는 자입니다.

"미련한 자의 입은 멸망에 가까우니라"(잠 10:14하)

하나님의 자녀들은 하나님을 아는 지식인 "다아트"와 지혜인 "호크마"를 따라 사는 사람입니다.

그러므로 성삼위 하나님의 은혜로 하나님을 아는 "다아트"(지식)와 "호크마"(지혜)를 따라 살아가며 하나님을 영화롭게 하는 우리 모두가 되기를 기도합니다.

잠언 10장 15~24절

> "의인의 입술은 여러 사람을 교육하나 미련한 자는 지식이 없어 죽느니라"(잠 10:21, 개역개정판)
>
> "의인의 입술들은 많은 사람들을 먹인다. 그러나 어리석은 자들은 생각이 모자람으로 죽을 것이다"(잠 10:21, 원문직역)

잠언 10장 15~24절은 의인과 악인을 대조하며 지혜로운 사람들의 삶과 어리석은 사람들의 삶을 대조하는 반의적 병행법으로 기록하고 있습니다.

의인과 악인과 지혜로운 사람과 어리석은 사람들의 삶은?

첫째, 의인의 재물은 그에게 견고한 성이지만 의인이 아닌 악인의 가난은 그에게 멸망이 됩니다.

"부자의 재물은 그의 견고한 성이요 가난한 자의 궁핍은 그의 멸망이니라"(잠 10:15)

의인의 부요함은 분배적 은총의 복이지만 의인의 가난은 하나님의 깊은 섭리가운데 있습니다.

둘째, 의인은 자신의 소득으로 하나님의 선을 행하며 살아가지만 악인은 자신의 소득으로 죄짓는 일에만 사용합니다.

"의인의 수고는 생명에 이르고 악인의 소득은 죄에 이르느니라"(잠 10:16)

의인의 삶은 영생이지만 악인의 삶는 영벌입니다.

셋째. "무사르"(경건의 훈련, 훈계)를 지키는 사람은 생명들을 위한 길로 걸어가지만 "토카하트"(책망)을 버리는 자는 길을 헤메게 됩니다.

"훈계를 지키는 자는 생명 길로 행하여도 징계를 버리는 자는 그릇 가느니라"(잠 10:17)

넷째, 어리석은 자는 미움을 감추는 거짓 입술과 다른 사람을 중상 모략하는 자입니다.

"미움을 감추는 자는 거짓된 입술을 가진 자요 중상하는 자는 미련한 자이니라"(잠 10:18)

다섯째, 지혜로운 사람은 말을 많이 하지 않으며 자신의 입술을 자제하는 사람입니다.

"말이 많으면 허물을 면하기 어려우나 그 입술을 제어하는 자는 지혜가 있느니라"(잠 10:19)

여섯째, 의인의 혀는 최상급의 은이고 악인의 마음은 아무런 가치가 없습니다.

"의인의 혀는 순은과 같거니와 악인의 마음은 가치가 적으니라"(잠 10:20)

일곱째, 의인의 입술들은 많은 사람들을 먹이지만 어리석은 자들은 지각이 없이 살다가 죽습니다.

"의인의 입술은 여러 사람을 교육하나 미련한 자는 지식이 없어 죽느니라"(잠 10:21)

여덟째, 의인은 하나님께서 주시는 복을 누립니다.

"여호와께서 주시는 복은 사람을 부하게 하고 근심을 겸하여 주지 아니하시느니라"(잠 10:22)

아홉째, 미련한 자는 행악을 낙으로 삼지만 명철한 사람은 "호크마"(지혜)를 낙으로 여기며 살아갑니다.

"미련한 자는 행악으로 낙을 삼는 것 같이 명철한 자는 지혜로 낙을 삼느니라"(잠 10:23)

열번째, 악인에게는 두려운 것이 임하지만 의인에게는 소망이 이루어집니다.

"악인에게는 그의 두려워하는 것이 임하거니와 의인은 그 원하는 것이 이루어지느니라"(잠 10:24)

하나님의 자녀는 예수님의 공로(의)를 성령님의 은혜로 전가받은 의인입니다.

예수님의 공로(의)를 전가받은 하나님의 자녀들은 하나님의 부성적 사랑 안에서 성령님과 말씀을 따라 의인의 길과 지혜로운 사람의 길을 걸어가는 사람입니다.

그러므로 성삼위 하나님의 은혜로 의인의 길과 지혜로운 사람의 길을 걸아가며 하나님을 영화롭게 하는 우리 모두가 되기를 기도합니다.

잠언 10장 26~32절

> "여호와의 도가 정직한 자에게는 산성이요 행악하는 자에게는 멸망이니라"(잠 10:29, 개역개정판)
>
> "여호와의 길은 온전한 자에게 피난처이다. 그러나 악을 행하고 있는 자에게 파멸이다"(잠 10:29, 원문직역)

잠언 10장 25~32절까지의 말씀도 의인과 악인을 대조하며 의인의 종말과 악인의 종말을 대조하는 반의적 병행법으로 기록하고 있습니다.

의인의 종말과 악인의 종말은?

첫째, 종말심판 때 의인은 영생에 이르지만 악인은 영벌에 처하게 됩니다.
 "회오리바람이 지나가면 악인은 없어져도 의인은 영원한 기초 같으니라"(잠 10:25)

둘째, 게으른 자는 하나님 앞에서 역겨운 존재이다.
 "게으른 자는 그 부리는 사람에게 마치 이에 식초 같고 눈에 연기 같으니라"(잠 10:26)

셋째, 여호와를 경외하는 의인은 영생의 은총 가운데 살아가지만 악인의 인생은 불행해집니다.
 "여호와를 경외하면 장수하느니라 그러나 악인의 수명은 짧아지느니라"(잠

10:27)

넷째, 하나님과 함께하는 의인의 소망은 이루어져도 악인의 소망은 미래가 없습니다.

"의인의 소망은 즐거움을 이루어도 악인의 소망은 끊어지느니라"(잠 10:28)

다섯째, "탐톰"(교리적 성결과 도덕적 성결)으로 걸어가는 의인에게 하나님 말씀은 피난처이지만 계속해서 악의 길을 걸어가는 악인에게 하나님 말씀은 파멸과 같습니다.

"여호와의 도가 정직한 자에게는 산성이요 행악하는 자에게는 멸망이니라"(잠 10:29)

여섯째, 의인은 땅과 하늘에 걸쳐있는 하나님 나라를 유업으로 받고 삶의 기반이 든든하지만 악인은 그렇지 못합니다.

"의인은 영영히 이동되지 아니하여도 악인은 땅에 거하지 못하게 되느니라"(잠 10:30)

일곱째, 의인은 "호크마"(지혜)를 말하지만 악인은 진리를 거스리는 왜곡된 말을 하고 심판 받을 것입니다.

"의인의 입은 지혜를 내어도 패역한 혀는 베임을 당할 것이니라"(잠 10:31)

여덟째, 의인은 사람들에게 유익되는 말을 하지만 악인은 사람들에게 진리를 거스리는 왜곡된 말을 합니다.

"의인의 입술은 기쁘게 할 것을 알거늘 악인의 입은 패역을 말하느니라"(잠 10:32)

의인의 입술은 하나님의 은혜로 은혜와 진리와 사랑과 위로와 감사와 찬양과 축복의 도구들과 서기관의 붓끝처럼 만들어집니다.

그러므로 성삼위 하나님의 은혜로 "호크마"(지혜)를 따라 의인의 길을 걸어가며 하나님을 영화롭게 하는 우리 모두가 되기를 기도합니다.

잠언 11장 1~8절

> "완전한 자의 공의는 자기의 길을 곧게 하려니와 악한 자는 자기의 악으로 말미암아 넘어지리라"(잠 11:5, 개역개정판)
>
> "온전한 자의 의로움은 그의 길을 올곧게 한다. 그러나 악인은 그의 악함으로 쓰러진다"(잠 11:5, 원문직역)

잠언 11장 1~8절은 의인과 악인과 대조하며 "호크마"(지혜)를 따라 사는 지혜로운 사람과 "호크마"(지혜)를 따라 살지 않는 어리석은 사람의 삶을 반의적 병행법으로 기록하고 있습니다.

"호크마"(지혜)를 따라 사는 지혜로운 사람과 예수님의 의를 전가받은 의인의 삶은?

첫째, 공정한 저울추로 하나님을 기쁘시게 하는 삶을 살게 됩니다.
"공평한 추는 그가 기뻐하시느니라"(잠 11:1하)

둘째, "호크마"(지혜)가 있는 겸손한 사람의 삶을 살게 됩니다.
"겸손한 자에게는 지혜가 있느니라"(잠 11:2하)

셋째, "툼마트 예솨림"(올곧은 자들의 온전함)을 따라가는 삶을 살게 됩니다.
"정직한 자의 성실은 자기를 인도하거니와"(잠 11:3)

"예솨림"(올곧은 사람들은)은 바른 교리와 바른 예배와 바른 교회법에 순종하는 사람입니다.

"툼마트"(온전한 자)는 교리적 성결과 도덕적 성결의 삶을 살아가는 사람입니다.

넷째, 죽음과 같은 고통과 환난과 심판 가운데에서도 구원받는 삶을 살게 됩니다.

"공의는 죽음에서 건지느니라"(잠 11:4하)

다섯째, "야솨르"라는 올곧은 길을 걸어가게 됩니다.

"완전한 자의 공의는 자기의 길을 곧게 하려니와"(잠 11:5상)

여섯째, "예솨림"(올곧은 사람)의 사람이 걸어가는 "치드카트"(의로움)로 구출받는 삶을 살게 됩니다.

"정직한 자의 공의는 자기를 건지려니와"(잠 11:6상)

일곱째, 고난으로부터 구출받는 삶을 살게 됩니다.

"의인은 환난에서 구원을 얻으나"(잠 11:8상)

"호크마"(지혜)를 따라 살지 않는 어리석은 사람과 악인은?

첫째, 하나님께서 역겨워하시는 사기치는 저울로 살아갑니다.

"속이는 저울은 여호와께서 미워하시나"(잠 11:1상)

둘째, 교만으로 수치를 당하게 됩니다.

"교만이 오면 욕도 오거니와"(잠 11:2상)

셋째, 배도하는 패역으로 자신 스스로를 파괴합니다.
"사악한 자의 패역은 자기를 망하게 하느니라"(잠 11:3하)

넷째, 재물을 의지하고 진노의 날에 심판 받습니다.
"재물은 진노하시는 날에 무익하나"(잠 11:4상)

다섯째, 자신의 악으로 스스로 쓰러집니다.
"악한 자는 자기의 악으로 말미암아 넘어지리라"(잠 11:5하)

여섯째, 배도하고 있는 자들은 자신들의 욕망에 스스로 사로 잡힙니다.
"사악한 자는 자기의 악에 잡히리라"(잠 11:6하)

일곱째, 희망과 소망이 완전히 사라집니다.
"악인은 죽을 때에 그 소망이 끊어지나니 불의의 소망이 없어지느니라"(잠 11:7)

여덟째, 고난 밑으로 들어갑니다.
"악인은 자기의 길로 가느니라"(잠 11:8하)

하나님 자녀는 예수님의 의를 전가받은 의인이고 "호크마"(지혜)를 따라 살아가는 지혜로운 사람입니다.

그러므로 성삼위 하나님의 은혜로 하나님 자녀의 위치에서 살아가며 하나님을 영화롭게 하는 우리 모두가 되기를 기도합니다.

잠언 11장 9~15절

> "성읍은 정직한 자의 축복으로 인하여 진흥하고 악한 자의 입으로 말미암아 무너지느니라"(잠 11:11, 개역개정판)
>
> "올곧은 자들의 축복으로 성읍은 높아질 것이다. 그러나 악인들의 입으로 그것은 파괴될 것이다"(잠 11:11, 원문직역)

　잠언 11장 9~15절은 의인과 악인을 대조하며 "호크마"(지혜)를 따라 사는 지혜로운 사람과 "호크마"(지혜)를 따라 살지 않는 어리석은 사람들이 공동체에 끼치는 영향을 반의적 병행법으로 기록하고 있습니다.

　"호크마"(지혜)를 따라 사는 지혜로운 의인과 "호크마"(지혜)를 따라 살지 않는 어리석은 악인은?

　첫째, 경건치 못한 악인은 그의 거짓 교리로 이웃을 망하게 하지만 의인은 하나님을 아는 지식으로 거짓 교리에 미혹되지 않고 구출받습니다.

> "악인은 입으로 그의 이웃을 망하게 하여도 의인은 그의 지식으로 말미암아 구원을 얻느니라"(잠 11:9)

　둘째, 헌신과 섬김의 삶을 사는 의인이 잘 되면 성읍은 기뻐하지만 자신의 이익가치만을 위하여 살아가는 악인이 망할 때도 성읍은 기뻐 외칩니다.

> "의인이 형통하면 성읍이 즐거워하고 악인이 패망하면 기뻐 외치느니라"(잠 11:10)

셋째, 올곧은 자들의 축복으로 성읍은 높아지지만 악인들의 입으로 성읍은 파괴됩니다.

"성읍은 정직한 자의 축복으로 인하여 진흥하고 악한 자의 입으로 말미암아 무너지느니라"(잠 11:11)

넷째, 이웃의 명예를 소중히 여기지 못하는 생각이 모자라는 자는 그의 이웃을 멸시하지만 총명한 자는 이웃의 명예를 지켜주기 위하여 침묵합니다.

"지혜 없는 자는 그의 이웃을 멸시하나 명철한 자는 잠잠하느니라"(잠 11:12)

다섯째, 중상 모략하고 다니는 사람은 다른 사람의 비밀을 누설하지만 마음이 진실한 사람은 그 일을 덮어줍니다.

"두루 다니며 한담하는 자는 남의 비밀을 누설하나 마음이 신실한 자는 그런 것을 숨기느니라"(잠 11:13)

여섯째, 악인은 바르지 못한 방향으로 백성을 망하게 하지만 의인은 바른 충고로 구원에 이르게 합니다.

"지략이 없으면 백성이 망하여도 지략이 많으면 평안을 누리느니라"(잠 11:14)

일곱째, 자신의 능력으로 감당할 수 없는 보증을 서지 않습니다.

"타인을 위하여 보증이 되는 자는 손해를 당하여도 보증이 되기를 싫어하는 자는 평안하니라"(잠 11:15)

그러므로 성삼위 하나님의 은혜로 공동체를 섬기고 세워 나아가며 하나님을 영화롭게 하는 우리 모두가 되기를 기도합니다.

잠언 11장 16~31절

> "구제를 좋아하는 자는 풍족하여질 것이요 남을 윤택하게 하는 자는 자기도 윤택하여지리라"(잠 11:25, 개역개정판)
>
> "축복하는 영혼은 기름질 것이다. 그리고 물을 만족하게 마시게 하고 있는 자는 또한 그도 물을 마시우게 될 것이다"(잠 11:25, 원문직역)

잠언 11장 16~31절은 "호크마"(지혜)를 따라 사는 의인과 "호크마"(지혜)를 따라 살지 않는 악인의 삶의 과정과 종말을 대비하며 반의적 병행법으로 기록하고 있습니다.

의인과 악인의 삶의 과정과 종말은?

첫째, 은혜를 베풀며 사는 여인은 영광을 얻고 하나님 말씀대로 근면하게 사는 남자는 부를 얻게 됩니다.

"유덕한 여자는 존영을 얻고 근면한 남자는 재물을 얻느니라"(잠 11:16)

둘째, 인애를 베푸는 자는 하나님의 자비를 받고 다른 사람을 해롭게 하는 잔인한 자는 자신의 영혼과 몸이 망가집니다.

"인자한 자는 자기의 영혼을 이롭게 하고 잔인한 자는 자기의 몸을 해롭게 하느니라"(잠 11:17)

셋째, 거짓을 뿌리는 악인은 거짓의 대가를 받지만 의를 뿌리는 의인은 진리의 보상이 있습니다.

"악인의 삯은 허무하되 공의를 뿌린 자의 상은 확실하니라"(잠 11:18)

넷째, 의를 추구하는 의인은 생명으로 가고 악을 추구하는 악인은 죽음으로 갑니다.

"공의를 굳게 지키는 자는 생명에 이르고 악을 따르는 자는 사망에 이르느니라"(잠 11:19)

다섯째, 마음이 비뚤어진 악인은 하나님께 역겨운 존재이지만 온전한 길을 걸어가는 의인은 하나님의 기쁨입니다.

"마음이 굽은 자는 여호와께 미움을 받아도 행위가 온전한 자는 그의 기뻐하심을 받느니라"(잠 11:20)

여섯째, 악인은 서로 힘을 합쳐도 벌을 받지만 의인의 자손은 구원받습니다.

"악인은 피차 손을 잡을지라도 벌을 면하지 못할 것이나 의인의 자손은 구원을 얻으리라"(잠 11:21)

일곱째, 하나님께서 선물로 주신 아름다움으로 방종하는 여인은 돼지와 같은 여인입니다.

"아름다운 여인이 삼가지 아니하는 것은 마치 돼지 코에 금 고리 같으니라"(잠 11:22)

여덟째, 의인은 하나님의 영광을 추구하며 살아가지만 악을 추구하는 악인은 하나님의 진노에 이르게 됩니다.

"의인의 소원은 오직 선하나 악인의 소망은 진노를 이루느니라"(잠 11:23)

아홉째, 의인은 가난한 자를 구제하며 이웃을 살리며 더불어 함께 살아갑니다.

"흩어 구제하여도 더욱 부하게 되는 일이 있나니 과도히 아껴도 가난하게 될 뿐이니라 구제를 좋아하는 자는 풍족하여질 것이요 남을 윤택하게 하는 자는 자기도 윤택하여지리라 곡식을 내놓지 아니하는 자는 백성에게 저주를 받을 것이나 파는 자는 그의 머리에 복이 임하리라"(잠 11:24~26)

열번째, 의인은 하나님께서 원하시는 선을 간절히 찾으며 은총을 받지만 악을 추구하는 악인은 화를 받습니다.

"선을 간절히 구하는 자는 은총을 얻으려니와 악을 더듬어 찾는 자에게는 악이 임하리라"(잠 11:27)

열한 번째, 자신의 재물을 의지하는 자는 넘어지지만 하나님께 붙어 있는 자는 푸른 잎사귀 같이 번성합니다.

"자기의 재물을 의지하는 자는 패망하려니와 의인은 푸른 잎사귀 같아서 번성하리라"(잠 11:28)

열두 번째, 자신의 집을 고통스럽게 하는 자는 가정을 황폐하게 만들고 결국은 지혜로운 사람에게 도움을 요청하게 됩니다.

"자기 집을 해롭게 하는 자의 소득은 바람이라 미련한 자는 마음이 지혜로운 자의 종이 되리라"(잠 11:29)

열세 번째, 의인은 하나님을 아는지식으로 많은 사람들을 생명의 길로 돌아오게 하고 사람을 얻게 됩니다.

"의인의 열매는 생명 나무라 지혜로운 자는 사람을 얻느니라"(잠 11:30)

열네 번째, 의인은 징계가운데 회개하지만 악인과 죄인은 회개치 않고 멸망의 길로 갑니다.

"보라 의인이라도 이 세상에서 보응을 받겠거든 하물며 악인과 죄인이리요"(잠 11:31)

"호크마"(지혜)를 따라 걸어가는 의인도 이 세상에서 고난도 받고 환난도 받고 징계도 받습니다.

어쩌면 "호크마"(지혜)를 버리고 걸어가는 악인보다 더 고난을 받을 수도 있습니다.

그러나 "호크마"(지혜)를 따라 걸어가는 의인은 길은 복된 길이며 영생의 길입니다.

그러므로 성삼위 하나님의 은혜로 "호크마"(지혜)를 따라 복 된 영생의 길을 걸어가며 하나님을 영화롭게 하는 우리 모두가 되기를 기도합니다.

잠언 12장 1~8절

> "훈계를 좋아하는 자는 지식을 좋아하거니와 징계를 싫어하는 자는 짐승과 같으니라"(잠 12:1, 개역개정판)
>
> "훈계를 사랑하고 있는 자는 지식을 사랑하는 자이다. 그러나 책망을 미워하고 있는 자는 우둔한(멍청한) 자이다"(잠 12:1, 원문직역)

잠언 12장 1~8절에서도 "호크마"(지혜)를 따라 사는 의인과 "호크마"(지혜)를 따라 살지 않는 악인의 삶의 모습과 미래를 대비하며 반의적 병행법으로 기록하고 있습니다.

의인과 악인의 삶의 모습과 미래는?

첫째, 의인은 훈계를 사랑하고 지식을 사랑하지만 우둔한(멍청한)자는 책망을 미워합니다.

> "훈계를 좋아하는 자는 지식을 좋아하거니와 징계를 싫어하는 자는 짐승과 같으니라"(잠 12:1)

둘째, 의인은 진리 안에서 가르치는 복 된 행동을 하고 은총을 받지만 악인은 악한 계획으로 살다 정죄를 당합니다.

> "선인은 여호와께 은총을 받으려니와 악을 꾀하는 자는 정죄하심을 받으리라"(잠 12:2)

셋째, 악을 행하는 사람은 견고하게 세워지지 않지만 의인들의 뿌리는 결코 흔들리지 않을 것입니다.

"사람이 악으로서 굳게 서지 못하거니와 의인의 뿌리는 움직이지 아니하느니라"(잠 12:3)

넷째, 의로운 여인은 남편의 면류관이 되는 능력있는 아내이지만 악한 여인은 남편의 뼈속을 썩게 하는 부도덕한 여인 입니다.

"어진 여인은 그 지아비의 면류관이나 욕을 끼치는 여인은 그 지아비의 뼈가 썩음 같게 하느니라"(잠 12:4)

다섯째, 의인들의 의도는 공의롭지만 악인들의 계획은 속임수(사기) 입니다.

"의인의 생각은 정직하여도 악인의 도모는 속임이니라"(잠 12:5)

여섯째, 악인들의 말들은 피를 흘리기 위해서 숨어서 기다리는 말이지만 의인인 올곧은 자의 입은 사람들을 구원하는 입 입니다.

"악인의 말은 사람을 엿보아 피를 흘리자 하는 것이거니와 정직한 자의 입은 사람을 구원하느니라"(잠 12:6)

일곱째, 악인은 뒤집어져서 없어지나 의인의 집은 견고하게 서 있을 것입니다.

"악인은 엎드러져서 소멸되려니와 의인의 집은 서 있으리라"(잠 12:7)

여덟째, 의인은 자신의 지혜로 칭찬을 받지만 악인은 멸시를 받게 될 것입니다.

"사람은 그 지혜대로 칭찬을 받으려니와 마음이 굽은 자는 멸시를 받으리라"(잠

12:8)

"호크마"(지혜)를 따라 사는 의인인 하나님의 자녀의 삶은 하나님의 "토브"(선)인 진리 안에서 복 된 은총을 누리는 삶입니다.

그러므로 성삼위 하나님의 은혜로 진리 안에서 복 된 은총을 누리며 하나님을 영화롭게 하는 우리 모두가 되기를 기도합니다.

잠언 12장 9~12절

> "의인은 자기의 가축의 생명을 돌보나 악인의 긍휼은 잔인이니라"(잠 12:10, 개역개정판)
>
> "의인은 그의 가축의 생명을 돌아보고 있다. 그러나 악인들의 긍휼들은 잔인하다"(잠 11:10, 원문직역)

잠언 12장 9~12절에서도 "호크마"(지혜)를 따라 사는 의인과 "호크마"(지혜)를 따라 살지 않는 악인의 현재적인 삶을 대비하며 반의적 병행법으로 기록하고 있습니다.

의인과 악인의 현재적 삶은?

첫째, 허세를 부리는 어리석은 자는 빈곤한 삶을 살지만 겸손한 삶을 사는 지혜로운 사람은 풍요를 누리며 삽니다.

"비천히 여김을 받을지라도 종을 부리는 자는 스스로 높은 체하고도 음식이 핍절한 자보다 나으니라"(잠 12:9)

둘째, 긍휼의 은혜를 받은 의인은 생명을 소중하게 여기지만 악인은 긍휼마저도 잔인합니다.

"의인은 자기의 가축의 생명을 돌보나 악인의 긍휼은 잔인이니라"(잠 12:10)

셋째, 하나님께서 주신 생업에 성실하게 땀을 흘리는 지혜로운 사람은 먹을 것이 충분하지만 헛된 것을 계속해서 추구하는 있는 어리석은 자는 마음에 지혜가 없는 자입니다.

> "자기의 토지를 경작하는 자는 먹을 것이 많거니와 방탕한 것을 따르는 자는 지혜가 없느니라"(잠 12:11)

넷째, 악인은 악한 방법으로 얻는 이익을 최고의 가치로 여기지만 하나님을 의지하는 것을 최고의 가치로 여기는 의인은 열매를 맺습니다.

> "악인은 불의의 이익을 탐하나 의인은 그 뿌리로 말미암아 결실하느니라"(잠 12:12)

하나님의 자녀들은 현세적 삶에서 "호크마"(지혜)를 따라 하나님을 사랑하고 이웃을 자신처럼 사랑하는 사람입니다.

그러므로 성삼위 하나님의 은혜로 "호크마"(지혜)를 따라 살아가며 하나님을 영화롭게 하는 우리 모두가 되기를 기도합니다.

잠언 12장 13~23절

> "진실한 입술은 영원히 보존되거니와 거짓 혀는 잠시 동안만 있을 뿐이니라"(잠 12:19, 개역개정)
>
> "진리의 입술은 영원히 서 있을 것이다. 그러나 거짓된 혀는 잠시 동안이다"(잠 12:19, 원문직역)

잠언 12장 13~23절은 "호크마"(지혜)를 따라 사는 지혜로운 입술을 가진 의인과 "호크마"(지혜)를 따라 살지 않는 지혜롭지 못한 입술을 가진 악인들을 대비하며 반의적 병행법으로 기록하고 있습니다.

지혜로운 입술을 가진 의인과 지혜롭지 못한 입술을 가진 악인은?

첫째, 악인은 자신의 입술의 허물로 함정에 빠지지만 의인은 고통으로부터 벗어나게 됩니다.

"악인은 입술의 허물로 말미암아 그물에 걸려도 의인은 환난에서 벗어나느니라"(잠 12:13)

둘째, 입술의 열매를 맺은 사람은 선한 것으로 만족하게 되며 선한 행실로 상급을 받게 됩니다.

"사람은 입의 열매로 말미암아 복록에 족하며 그 손이 행하는 대로 자기가 받느니라"(잠 12:14)

셋째, 어리석은 자는 자신의 모든 행위가 올바른 줄 알지만 지혜로운 자는 충고와 교훈을 받습니다.

"미련한 자는 자기 행위를 바른 줄로 여기나 지혜로운 자는 권고를 듣느니라"(잠 12:15)

넷째, 어리석은 자는 분노의 다스림을 받지만 슬기로운 사람은 모욕을 참습니다.

"미련한 자는 당장 분노를 나타내거니와 슬기로운 자는 수욕을 참느니라"(잠 12:16)

다섯째, 신실한 증인은 의를 드러내어도 거짓 증인은 속이는 말만 합니다.

"진리를 말하는 자는 의를 나타내어도 거짓 증인은 속이는 말을 하느니라"(잠 12:17)

여섯째, 어리석은 자는 남을 찌르는 경솔한 말로 상처를 주지만 지혜로운 사람의 혀는 치료하는 치료제와 같습니다.

"칼로 찌름 같이 함부로 말하는 자가 있거니와 지혜로운 자의 혀는 양약과 같으니라"(잠 12:18)

일곱째, 진리의 입술은 영원히 서 있게 되지만 거짓된 혀는 잠시동안만 유효합니다.

"진실한 입술은 영원히 보존되거니와 거짓 혀는 잠시 동안만 있을 뿐이니라"(잠 12:19)

여덟째, 악을 계획하고 있는 자들의 마음에는 속임이 가득하고 화평을 조언하는 자들에게는 기쁨이 있습니다.

"악을 꾀하는 자의 마음에는 속임이 있고 화평을 의논하는 자에게는 희락이 있느니라"(잠 12:20)

아홉째, 의인은 은혜 언약의 은총 가운데 살지만 악인은 가득찬 "라"(악, 재앙, 불행) 가운데 살아가게 됩니다.
"의인에게는 어떤 재앙도 임하지 아니하려니와 악인에게는 앙화가 가득하리라"(잠 12:21)

열 번째, 거짓된 입술들은 하나님께 역겨운 것이나 신실하게 행하는 사람들은 하나님께 기쁨입니다.
"거짓 입술은 여호와께 미움을 받아도 진실하게 행하는 자는 그의 기뻐하심을 받느니라"(잠 12:22)

열한 번째, 슬기로운 사람은 지식에 대한 절도와 적정의 원리가 있지만 허세가 가득한 마음을 가진 어리석은 자는 지식을 자랑거리로 드러냅니다.
"슬기로운 자는 지식을 감추어도 미련한 자의 마음은 미련한 것을 전파하느니라"(잠 12:23)

지식의 절도와 적정이란?
1) 하나님의 영광을 드러내는 지식입니다.
2) 연약한 양심을 가지고 있는 자들의 마음을 헤아리고 열매 맺게 하는 지식입니다.
3) 상대방이나 공동체를 세우는 지식입니다.

그러므로 성삼위 하나님의 은혜로 지혜로운 입술로 살아가며 하나님을 영화롭게 하는 우리 모두가 되기를 기도합니다.

잠언 12장 24~28절

> "공의로운 길에 생명이 있나니 그 길에는 사망이 없느니라"(잠 12:28, 개역개정판)
>
> "의의 길에는 생명이 있다. 그리고 그가 다니는 길은 사망이 없다"(잠 12: 28, 원문직역)

잠언 12장 24~28절은 "호크마"(지혜)를 따라 사는 지혜로운 사람인 의인의 삶과 "호크마"(지혜)를 따라 살지 않는 어리석은 사람인 악인의 삶을 대조하며 반의적 병행법으로 기록하고 있습니다.

의인의 삶과 악인의 삶은?

첫째, 부지런한 사람은 다스리는 사람이 되지만 게으른 사람은 다른 사람의 다스림을 받게 됩니다.

"부지런한 자의 손은 사람을 다스리게 되어도 게으른 자는 부림을 받느니라"(잠 12:24)

둘째, 사람의 마음속에 있는 불안은 그 사람을 짓누르지만 하나님의 언약의 말씀인 복음은 그 사람을 기쁘게 합니다.

"근심이 사람의 마음에 있으면 그것으로 번뇌하게 되나 선한 말은 그것을 즐겁게 하느니라"(잠 12:25)

셋째, 의인은 그의 이웃을 좋은 길로 이끌어 주지만 악인은 그들의 길을 잃어버리게 만듭니다.

"의인은 그 이웃의 인도자가 되나 악인의 소행은 자신을 미혹하느니라"(잠 12:26)

넷째, 게으른 자는 소망을 주어도 분투하지 않지만 사람의 소중한 재산은 부지런함입니다.

"게으른 자는 그 잡을 것도 사냥하지 아니하나니 사람의 부귀는 부지런한 것이니라"(잠 12:27)

다섯째, 의인이 걸어가는 의의 길에는 생명이 있고 사망이 없습니다.

"공의로운 길에 생명이 있나니 그 길에는 사망이 없느니라"(잠 12:28)

의인이 걸어가는 "체다카"(의)의 길은?
1) 사법적 의와 도덕적 의를 지키는 길입니다.
2) 하나님을 사랑하고 이웃을 자신의 몸처럼 사랑하는 길입니다.
3) 삼위일체 하나님과 예수 그리스도를 날마다 알아가고 닮아가는 길입니다.
4) 하나님의 나라와 하나님 나라의 핵심인 예수 그리스도의 몸 된 교회를 받들어 섬기고 세워 나아가는 길입니다.

예수 그리스도의 공로(의)를 전가 받고 "호크마"(지혜)를 따라 살아가는 지혜로운 의인인 하나님의 자녀는 의의 길을 걸어가는 사람입니다.

그러므로 성삼위 하나님의 은혜로 의의 길을 걸어가며 하나님을 영화롭게 하는 우리 모두가 되기를 기도합니다.

잠언 13장 1~3절

> "입을 지키는 자는 자기의 생명을 보전하나 입술을 크게 벌리는 자에게는 멸망이 오느니라"(잠 13:3, 개역개정판)
>
> "자기 입을 지키고 있는 자는 자기 생명을 지키고 있는 자이다. 자기 입술을 크게 열고 있는 자에게는 그에게 멸망이 있다"(잠 13:3, 원문직역)

잠언 13장 1~3절은 "호크마"(지혜)를 따라 사는 지혜로운 사람의 말과 "호크마"(지혜)를 따라 살지 않는 어리석은 사람들의 말을 대조하며 반의적 병행법으로 기록하고 있습니다.

"호크마"(지혜)를 따라 사는 지혜로운 사람은?

첫째, 아버지께서 은혜 언약의 말씀을 가지고 충고하는 말을 듣는 사람입니다.

"지혜로운 아들은 아비의 훈계를 들으나"(잠 13:1상)

둘째, 입의 열매로 인하여 하나님께서 진리 안에서 주시는 복 된 은총인 "토브"를 누리는 사람입니다.

"사람은 입의 열매로 인하여 복록을 누리거니와"(잠 13:2상)

셋째, 자신의 입을 지키는 것이 자신의 생명을 보존하는 것이라는 것을 아는 사람입니다.

"입을 지키는 자는 자기의 생명을 보전하나"(잠 13:3상)

"호크마"(지혜)를 따라 살지 않는 어리석은 사람은?

첫째, "루츠, 리츠"(거만, 오만, 조롱, 비웃음)한 사람의 위치에서 꾸짖는 말을 듣지 않습니다.
"거만한 자는 꾸지람을 즐겨 듣지 아니하느니라"(잠 13:1하)

둘째, "바가드"(배도, 배교)의 위치에서 "하마스"(폭력, 폭행)을 당합니다.
"마음이 궤사한 자는 강포를 당하느니라"(잠 13:2하)

셋째, 입술을 함부로 열다가 멸망을 당합니다.
"입술을 크게 벌리는 자에게는 멸망이 오느니라"(잠 13:3하)

"호크마"(지혜)를 따라 사는 하나님의 자녀는 입술에 파숫군을 세우는 사람입니다.
"여호와여 내 입에 파수꾼을 세우시고 내 입술의 문을 지키소서"(시 141:3)

그러므로 성삼위 하나님의 은혜로 입술을 지키며 하나님을 영화롭게 하는 우리 모두가 되기를 기도합니다.

잠언 13장 4~13절

> "소망이 더디 이루어지면 그것이 마음을 상하게 하거니와 소원이 이루어지는 것은 곧 생명나무니라"(잠 13:12, 개역개정판)

> "소망이 늘어지게 되면 마음을 병들게 한다. 그러나 소원이 이루어지고 있는 것은 생명나무이다"(잠 13:12, 원문직역)

잠언 13장 4~13절에서도 "호크마"(지혜)를 따라 사는 의인과 "호크마"(지혜)를 따라 살지 않는 악인의 삶을 대비하며 반의적 병행법으로 기록하고 있습니다.

"호크마"(지혜)를 따라 살아가는 하나님의 자녀는?

첫째, 게으르지 않고 부지런히 사는 사람입니다.
 "게으른 자는 마음으로 원하여도 얻지 못하나 부지런한 자의 마음은 풍족함을 얻느니라"(잠 13:4)

둘째, 거짓말을 미워하고 미움받고 수치스러운 행동을 하지 않는 사람입니다.
 "의인은 거짓말을 미워하나 악인은 행위가 흉악하여 부끄러운 데에 이르느니라"(잠 13:5)

셋째, "할타트"(죄)를 따라 살지 않고 "체다카"(의)를 따라 사는 사람입니다.

"공의는 행실이 정직한 자를 보호하고 악은 죄인을 패망하게 하느니라"(잠 13:6)

넷째, 외식의 가면으로 자신의 가난을 숨기는 사람도 아니고 인색하게 살기 위하여 가난한 사람으로 위장하는 사람도 아닙니다.

"스스로 부한 체하여도 아무 것도 없는 자가 있고 스스로 가난한 체하여도 재물이 많은 자가 있느니라"(잠 13:7)

다섯째, 재물을 최고의 가치로 여기고 사는 사람이 아닙니다.

"사람의 재물이 자기 생명의 속전일 수 있으나 가난한 자는 협박을 받을 일이 없느니라"(잠 13:8)

여섯째, 진리의 말씀으로 많은 사람들을 올곧은 길로 돌아오게 하는 사람입니다.

"의인의 빛은 환하게 빛나고 악인의 등불은 꺼지느니라"(잠 13:9)

"지혜 있는 자는 궁창의 빛과 같이 빛날 것이요 많은 사람을 옳은 데로 돌아오게 한 자는 별과 같이 영원토록 빛나리라"(단 12:3)

일곱째, 거만하지 않고 충고를 듣는 사람입니다.

"교만에서는 다툼만 일어날 뿐이라 권면을 듣는 자는 지혜가 있느니라"(잠 13:10)

여덟째, 성실하게 재물을 모으는 사람입니다.

"망령되이 얻은 재물은 줄어가고 손으로 모은 것은 늘어가느니라"(잠 13:11)

아홉째, 자신이 원하는 원함의 사람이 아닌 하나님께서 원하시는 선함의 사람입니다.

"소망이 더디 이루어지면 그것이 마음을 상하게 하거니와 소원이 이루어지는 것은

곧 생명 나무니라"(잠 13:12)

열 번째, 말씀을 소중히 여기고 계명을 선하고 거룩한 위치에서 두려워하는 사람입니다.

"말씀을 멸시하는 자는 자기에게 패망을 이루고 계명을 두려워하는 자는 상을 받느니라"(잠 13:13)

예수 그리스도의 공로(의)를 전가 받은 의인인 하나님의 자녀는 하나님께서 주신 선물인 "호크마"(지혜)를 따라 사는 사람입니다.

그러므로 성삼위 하나님의 은혜로 "호크마"(지혜)를 따라 살아가며 하나님을 영화롭게 하는 우리 모두가 되기를 기도합니다.

잠언 13장 14~25절

> "무릇 슬기로운 자는 지식으로 행하거니와 미련한 자는 자기의 미련한 것을 나타내느니라"(잠 13:16, 개역개정판)
>
> "모든 슬기로운 자는 지식으로 행한다. 그러나 어리석은 자는 어리석은 것을 펼쳐낸다"(잠 13:16, 원문직역)

잠언 13장 14~25절에서도 "호크마"(지혜)를 따라 사는 지혜로운 사람과 "호크마"(지혜)를 따라 살지 않는 어리석은 사람의 삶을 대조하며 반의적 병행법으로 기록하고 있습니다.

"호크마"(지혜)를 따라 사는 하나님 자녀들은?

첫째, 지혜 있는 자의 가르침을 소중히 여기며 사는 사람입니다.
 "지혜 있는 자의 교훈은 생명의 샘이니 사망의 그물에서 벗어나게 하느니라"(잠 13:14)

둘째, 선한 지혜로 은혜를 베푸는 사람입니다.
 "선한 지혜는 은혜를 베푸나 사악한 자의 길은 험하니라"(잠 13:15)

셋째, "다트"(지식)인 하나님 말씀을 따라 사는 사람입니다.
 "무릇 슬기로운 자는 지식으로 행하거니와 미련한 자는 자기의 미련한 것을 나타내느니라"(잠 13:16)

넷째, 착하고 충성된 종입니다.

"악한 사자는 재앙에 빠져도 충성된 사신은 양약이 되느니라"(잠 13:17)

다섯째, 훈계와 책망을 소중히 여기는 사람입니다.

"훈계를 저버리는 자에게는 궁핍과 수욕이 이르거니와 경계를 받는 자는 존영을 받느니라"(잠 13:18)

여섯째, 자신이 원하는 원함의 사람이 아닌 하나님께서 원하시는 선함의 사람입니다.

"소원을 성취하면 마음에 달아도 미련한 자는 악에서 떠나기를 싫어하느니라"(잠 13:19)

일곱째, 지혜로운 자와 동행하고 어리석은 자들과 사귀지 않는 사람입니다.

"지혜로운 자와 동행하면 지혜를 얻고 미련한 자와 사귀면 해를 받느니라"(잠 13:20)

여덟째, 죄인의 길을 따라가지 않고 의인의 길을 걸어가는 사람입니다.

"재앙은 죄인을 따르고 선한 보응은 의인에게 이르느니라"(잠 13:21)

아홉째, 후손들에게 하나님 영광과 하나님 나라와 그 의를 위하여 재물 쓰는 법을 가르치는 사람입니다.

"선인은 그 산업을 자자 손손에게 끼쳐도 죄인의 재물은 의인을 위하여 쌓이느니라"(잠 13:22)

열번째, 하나님께서 주신 일터에서 부지런히 일하고 재물을 죄짓는 방편으로 쓰지 않는 사람입니다.

"가난한 자는 밭을 경작함으로 양식이 많아지거니와 불의로 말미암아 가산을 탕진 하는 자가 있느니라"(잠 13:23)

열한 번째, 자식을 사랑으로 훈계하는 사람입니다.

"매를 아끼는 자는 그의 자식을 미워함이라 자식을 사랑하는 자는 근실히 징계하 느니라"(잠 13:24)

"또 아비들아 너희 자녀를 노엽게 하지 말고 오직 주의 교훈과 훈계로 양육하 라"(엡 6:4)

열 두 번째, 육체의 소욕을 따라 살지 않고 성령님을 따라 살며 생명의 양식을 충만하게 누리는 사람입니다.

"의인은 포식하여도 악인의 배는 주리느니라"(잠 13:25)

예수 그리스도의 공로(의)를 전가 받고 "호크마"(지혜)를 따라 사는 하나님의 자녀는 하나님께서 베풀어 주시는 풍성한 복을 누리는 사람입니다.

"주 예수 그리스도의 은혜와 하나님의 사랑과 성령의 교통하심이 너희 무리와 함 께 있을지어다"(고후 13:13)

그러므로 성삼위 하나님의 은혜로 하나님 자녀의 위치에서 풍성한 복을 누리며 하나님을 영화롭게 하는 우리 모두가 되기를 기도합니다.

잠언 14장 1~10절

> "슬기로운 자의 지혜는 자기의 길을 아는 것이라도 미련한 자의 어리석음은 속이는 것이니라"(잠 14:8, 개역개정판)
>
> "슬기로운 자의 지혜는 자기의 길을 깨닫는다. 그러나 미련한 자의 어리석음은 속이는 것이다"(잠 14:8, 원문직역)

잠언 14장 1~10절은 "호크마"(지혜)를 따라 사는 지혜로운 사람과 "호크마"(지혜)를 따라 살지 않는 어리석은 사람의 삶을 대조하며 반의적 병행법으로 기록하고 있습니다.

"호크마"(지혜)를 따라 사는 하나님의 자녀들은?

첫째, 하나님께서 선물로 주신 자신의 집을 세우고 무너뜨리는 사람이 아닙니다.
"지혜로운 여인은 자기 집을 세우되 미련한 여인은 자기 손으로 그것을 허느니라"(잠 14:1)

둘째, 올곧은 길을 걷지 않고 하나님을 멸시하는 자가 아니라 올곧은 길을 걸으며 하나님을 경외하는 사람입니다.
"정직하게 행하는 자는 여호와를 경외하여도 패역하게 행하는 자는 여호와를 경멸하느니라"(잠 14:2)

셋째, 교만한 입으로 다른 사람을 치지 않고 지혜로운 입술로 다른 사람을 지켜주고 자신을 지키는 사람입니다.

"미련한 자는 교만하여 입으로 매를 자청하고 지혜로운 자의 입술은 자기를 보전하느니라"(잠 14:3)

넷째, 단점만 과도하게 집중하고 당위성과 필연성 가운데 해야 할 일을 하지 않는 사람이 아닙니다.

"소가 없으면 구유는 깨끗하려니와 소의 힘으로 얻는 것이 많으니라"(잠 14:4)

다섯째, 거짓 된 증언을 하지 않고 신실한 증언을 하는 사람입니다.

"신실한 증인은 거짓말을 아니하여도 거짓 증인은 거짓말을 뱉느니라"(잠 14:5)

여섯째, 거만치 않고 슬기로운 자의 위치에서 지혜와 지식을 얻고 누리는 사람입니다.

"거만한 자는 지혜를 구하여도 얻지 못하거니와 명철한 자는 지식 얻기가 쉬우니라"(잠 14:6)

일곱째, 하나님을 아는 "다아트"(지식)의 입술이 없는 미련한 자를 멀리하고 그들 곁을 떠나는 사람입니다.

"너는 미련한 자의 앞을 떠나라 그 입술에 지식 있음을 보지 못함이니라"(잠 14:7)

여덟째, 속이는 길을 걷는 사람이 아니라 "호크마"(지혜)를 따라 올바른 길을 걸어가는 사람입니다.

"슬기로운 자의 지혜는 자기의 길을 아는 것이라도 미련한 자의 어리석음은 속이는 것이니라"(잠 14:8)

아홉째, 죄를 두려워하고 올곧은 길을 걸어가며 하나님께서 베푸신 은총을 누리는 사람입니다.

"미련한 자는 죄를 심상히 여겨도 정직한 자 중에는 은혜가 있느니라"(잠 14:9)

열번째, 지체들과 기쁨을 나누고 하나님께서 주신 기쁨을 누리며 고통 가운데 지체들에게 위로와 격려를 받고 하나님께서 주시는 위로로 고통을 이겨 나아가는 사람입니다.

"마음의 고통은 자기가 알고 마음의 즐거움은 타인이 참여하지 못하느니라"(잠 14:10)

예수 그리스도의 의를 전가 받은 하나님의 자녀는 "호크마"(지혜)를 따라 살며 하나님께서 베푸신 은총을 누리는 사람입니다.

그러므로 성삼위 하나님의 은혜로 "호크마"(지혜)를 따라 살아가며 하나님을 영화롭게 하는 우리 모두가 되기를 기도합니다.

잠언 14장 11~17절

> "어리석은 자는 온갖 말을 믿으나 슬기로운 자는 자기의 행동을 삼가느니라"(잠 14:15, 개역개정판)
>
> "지혜로운 자는 두려워하고 있는 자이다. 그래서 악으로부터 떠난다. 그러나 미련한 자는 화를 내며 그리고 안심한다"(잠 14:16, 원문직역)

잠언 14장 11~17절은 "호크마"(지혜)를 따라 사는 지혜로운 사람과 "호크마"(지혜)를 따라 살지 않는 어리석은 삶을 대조하며 반의적 병행법과 동의적 병행법으로 기록하고 있습니다.

"호크마"(지혜)를 따라 사는 하나님의 자녀는?

첫째, 죄의 길을 걸어가지 않고 올곧은 길을 걸어가는 사람입니다.
 "악한 자의 집은 망하겠고 정직한 자의 장막은 흥하리라"(잠 14:11)

둘째, 성령님과 말씀을 따라 살며 하나님의 재가를 받고 행동하는 사람입니다.
 "어떤 길은 사람이 보기에 바르나 필경은 사망의 길이니라"(잠 14:12)

셋째, 자신을 속이는 세상적 즐거움으로 살지 않고 신령한 즐거움으로 살아가는 사람입니다.
 "웃을 때에도 마음에 슬픔이 있고 즐거움의 끝에도 근심이 있느니라"(잠 14:13)

넷째, 비뚤어진 마음으로 살지 않고 하나님께서 원하시는 선을 거듭난 의지로 행하며 살아가는 사람입니다.

"마음이 굽은 자는 자기 행위로 보응이 가득하겠고 선한 사람도 자기의 행위로 그러하리라"(잠 14:14)

다섯째, 거짓 교리를 구분하며 바른 믿음으로 살아가는 사람입니다.

"어리석은 자는 온갖 말을 믿으나 슬기로운 자는 자기의 행동을 삼가느니라"(잠 14:15)

여섯째, 자신을 믿지 않고 죄를 두려워하여 악에서 떠나는 사람입니다.

"지혜로운 자는 두려워하여 악을 떠나나 어리석은 자는 방자하여 스스로 믿느니라"(잠 14:16)

일곱째, 분노를 다스리며 남을 해칠 악한 계획을 하지 않는 사람입니다.

"노하기를 속히 하는 자는 어리석은 일을 행하고 악한 계교를 꾀하는 자는 미움을 받느니라"(잠 14:17)

예수 그리스도의 의를 전가받은 지혜로운 하나님의 자녀는 성령님과 말씀을 따라 자신의 마음을 다스리는 사람입니다.

"자기의 마음을 제어하지 아니하는 자는 성읍이 무너지고 성벽이 없는 것과 같으니라"(잠 25:28)

그러므로 성삼위 하나님의 은혜로 마음을 다스리며 하나님을 영화롭게 하는 우리 모두가 되기를 기도합니다.

잠언 14장 18~24절

> "어리석은 자는 어리석음으로 기업을 삼아도 슬기로운 자는 지식으로 면류관을 삼느니라"(잠 14:18, 개역개정판)
>
> "어리석은 자들은 어리석음을 유업으로 받는다. 그러나 슬기로운 자들은 지식으로 관을 쓸 것이다"(잠 14:18, 원문직역)

잠언 14장 18~24절은 "호크마"(지혜)를 따라 사는 지혜로운 사람과 "호크마"(지혜)를 따라 살지 않는 어리석은 사람의 삶을 대조하며 반의적 병행법으로 기록하고 있습니다.

"호크마"(지혜)를 따라 사는 하나님의 자녀는?

첫째, 죄와 사망의 권세에서 벗어나 하나님 말씀으로 왕같은 제사장으로 빚어지는 사람입니다.

> "어리석은 자는 어리석음으로 기업을 삼아도 슬기로운 자는 지식으로 면류관을 삼느니라"(잠 14:18)

둘째, 악인의 위치에서 살지 않고 선하고 의로운 사람의 위치에서 사는 사람입니다.

> "악인은 선인 앞에 엎드리고 불의한 자는 의인의 문에 엎드리느니라"(잠 14:19)

셋째, 하나님만을 자신의 진정한 친구로 여기는 사람입니다.

"가난한 자는 이웃에게도 미움을 받게 되나 부요한 자는 친구가 많으니라"(잠 14:20)

넷째, 이웃을 존중하고 가난한 자들에게 은혜를 베푸는 사람입니다.
"이웃을 업신여기는 자는 죄를 범하는 자요 빈곤한 자를 불쌍히 여기는 자는 복이 있는 자니라"(잠 14:21)

다섯째, 악을 계획하지 않고 "헤세드"(인애)와 "에메트"(진리)를 따라 행동하는 사람입니다.
"악을 도모하는 자는 잘못 가는 것이 아니냐 선을 도모하는 자에게는 인자와 진리가 있으리라"(잠 14:22)

여섯째, 말만 하지않고 정당한 수고와 노력을 하는 사람입니다.
"모든 수고에는 이익이 있어도 입술의 말은 궁핍을 이룰 뿐이니라"(잠 14:23)

일곱째, 어리석음을 자랑거리로 여기지 않고 "호크마"(지혜)를 가장 소중한 가치로 여기는 사람입니다.
"지혜로운 자의 재물은 그의 면류관이요 미련한 자의 소유는 다만 미련한 것이니라"(잠 14:24)

예수 그리스도의 의를 전가받은 하나님의 자녀들은 진리안에서 착한 행동을 하는 "토브"(선)한 사람입니다.
"악을 도모하는 자는 잘못 가는 것이 아니냐 선을 도모하는 자에게는 인자와 진리가 있으리라"(잠 14:22)

그러므로 성삼위 하나님의 은혜로 진리 안에서 착한 행동을 하며 하나님을 영화롭게 하는 우리 모두가 되기를 기도합니다.

잠언 14장 25~35절

> "진실한 증인은 사람의 생명을 구원하여도 거짓말을 뱉는 사람은 속이느니라"(잠 14:25, 개역개정판)
>
> "진리의 증거는 생명들을 구출하고 있지만 거짓말을 하는 자들은 사기를 내뿜는다"(잠 14:25, 원문직역)

잠언 14장 25~35절은 "호크마"(지혜)를 따라 사는 지혜로운 사람과 "호크마"(지혜)를 따라 살지 않는 어리석은 사람의 삶을 대조하며 동의적 병행법과 반의적 병행법으로 기록하고 있습니다.

생명의 지식인 "호크마"(지혜)를 따라 사는 하나님의 자녀는?

첫째, 진리와 진실을 말하는 사람입니다.
 "진실한 증인은 사람의 생명을 구원하여도 거짓말을 뱉는 사람은 속이느니라"(잠 14:25)

둘째, 여호와를 경외하는 사람입니다.
 "여호와를 경외하는 자에게는 견고한 의뢰가 있나니 그 자녀들에게 피난처가 있으리라 여호와를 경외하는 것은 생명의 샘이니 사망의 그물에서 벗어나게 하느니라"(잠 14:26~27)

셋째, 맡은 직분을 생명의 지식인 "호크마"(지혜)로 섬기는 사람입니다.
 "백성이 많은 것은 왕의 영광이요 백성이 적은 것은 주권자의 패망이니라"(잠 14:28)

넷째, 혈기와 분노를 다스리는 사람입니다.

"노하기를 더디 하는 자는 크게 명철하여도 마음이 조급한 자는 어리석음을 나타 내느니라"(잠 14:29)

다섯째, 시기하지 않고 "레브 마르페"(평안한 마음, 온유한 마음)으로 사는 사람입니다.

"평온한 마음은 육신의 생명이나 시기는 뼈를 썩게 하느니라"(잠 14:30)

여섯째, 가난한 사람을 돌아보고 궁핍한 사람에게 은혜를 베푸는 사람입니다.

"가난한 사람을 학대하는 자는 그를 지으신 이를 멸시하는 자요 궁핍한 사람을 불쌍히 여기는 자는 주를 공경하는 자니라"(잠 14:31)

일곱째, 악으로 쓰러지지 않고 죽음에도 소망이 있는 사람입니다.

"악인은 그의 환난에 엎드러져도 의인은 그의 죽음에도 소망이 있느니라"(잠 14:32)

여덟째, 진리를 자랑거리로 드러내지 않고 마음 속에 잘 간직하는 사람입니다.

"지혜는 명철한 자의 마음에 머물거니와 미련한 자의 속에 있는 것은 나타나느니라"(잠 14:33)

아홉째, 죄를 따르지 않고 의를 따라 사는 사람입니다.

"공의는 나라를 영화롭게 하고 죄는 백성을 욕되게 하느니라"(잠 14:34)

열번째, 공동체 안에서 수치스러운 행동을 하지 않고 사려깊은 행동을 하는 사람입니다.

"슬기롭게 행하는 신하는 왕에게 은총을 입고 욕을 끼치는 신하는 그의 진노를 당하느니라"(잠 14:35)

예수 그리스도의 의를 전가받은 하나님의 자녀는 생명의 지식인 "호크마"(지혜)로 공동체를 받들어 섬기고 세워 나아가는 사람입니다.

그러므로 성삼위 하나님의 은혜로 생명의 지식인 "호크마"(지혜)를 따라 살아가며 하나님을 영화롭게 하는 우리 모두가 되기를 기도합니다.

잠언 15장 1~10절

> "온순한 혀는 곧 생명 나무이지만 패역한 혀는 마음을 상하게 하느니라"(잠 15:4, 개역개정판)
>
> "온유(온순)한 혀는 생명들의 나무이다. 그러나 그 안에 (혀에) 왜곡됨은 영혼을 깨뜨린다"(잠 15:4, 원문직역)

잠언 15장 1~7절은 생명의 지식인 "호크마"(지혜)를 따라 사는 지혜로운 사람과 "호크마"(지혜)를 따라 살지 않는 어리석은 사람들의 지체의 기능을 대비하며 반의적 병행법으로 기록하고 있습니다.

생명의 지식인 "호크마"(지혜)를 따라 사는 하나님의 자녀들의 지체의 기능은?

첫째, "데바르-에체브"(상처주는 말, 거친 말, 과격한 말)로 분노를 자극하는 사람이 아니라 부드러운 대답으로 분노를 가라앉히는 사람입니다.

"유순한 대답은 분노를 쉬게 하여도 과격한 말은 노를 격동하느니라"(잠 15:1)

"화평하게 하는 자는 복이 있나니 그들이 하나님의 아들이라 일컬음을 받을 것임이요"(마 5:9)

둘째, 생각없이 말을 많이 하는 사람이 아니라 다른 사람의 건덕을 위하여 지식을 사용하는 사람입니다.

"지혜 있는 자의 혀는 지식을 선히 베풀고 미련한 자의 입은 미련한 것을 쏟느니라"(잠 5:2)

셋째, 하나님의 존전 앞에서 사는 사람입니다.

"여호와의 눈은 어디서든지 악인과 선인을 감찰하시느니라"(잠 15:3)

넷째, 왜곡된 혀로 사람들의 영혼을 상하게 하는 사람이 아니라 치료하고 위로하는 혀로 사람들의 영혼을 살아나게 하는 사람입니다.

"온순한 혀는 곧 생명 나무이지만 패역한 혀는 마음을 상하게 하느니라"(잠 15:4)

다섯째, 훈계와 책망을 소중하게 듣고 지키는 사람입니다.

"아비의 훈계를 업신여기는 자는 미련한 자요 경계를 받는 자는 슬기를 얻을 자니라"(잠 15:5)

여섯째, 악한 방법으로 재물을 모으지 않고 선한 방법으로 재물을 모으며 하나님을 아는 지식이 충만한 사람입니다.

"의인의 집에는 많은 보물이 있어도 악인의 소득은 고통이 되느니라"(잠 15:6)

일곱째, 마음 속에 하나님 말씀이 없는 자가 아니라 하나님 말씀을 사랑해서 하나님 말씀을 전파하는 사람입니다.

"지혜로운 자의 입술은 지식을 전파하여도 미련한 자의 마음은 정함이 없느니라"(잠 15:7)

여덟째, 올곧은 지식으로 바른 기도를 드리는 사람입니다.

"악인의 제사는 여호와께서 미워하셔도 정직한 자의 기도는 그가 기뻐하시느니라"(잠 15:8)

아홉째, 올곧은 마음으로 의로운 길을 걸어가는 사람입니다.

"악인의 길은 여호와께서 미워하셔도 공의를 따라가는 자는 그가 사랑하시느니라"(잠 15:9)

열번째, 의로운 길을 걸어가며 책망을 사랑하는 사람입니다.
"도를 배반하는 자는 엄한 징계를 받을 것이요 견책을 싫어하는 자는 죽을 것이니라"(잠 15:10)

예수 그리스도의 의를 전가 받은 하나님의 자녀는 자신의 지체를 죄의 병기가 아닌 의의 병기로 하나님께 드리는 사람입니다.
"또한 너희 지체를 불의의 무기로 죄에게 내주지 말고 오직 너희 자신을 죽은 자 가운데서 다시 살아난 자 같이 하나님께 드리며 너희 지체를 의의 무기로 하나님께 드리라"(롬 6:13)

그러므로 성삼위 하나님의 은혜로 의의 병기로 살아가며 하나님을 영화롭게 하는 우리 모두가 되기를 기도합니다.

잠언 15장 11~18절

> "고난 받는 자는 그 날이 다 험악하나 마음이 즐거운 자는 항상 잔치하느니라"(잠 15:15, 개역개정판)
>
> "고난받는 자의 모든 날들은 악하다. 그러나 마음의 선은 항상 잔치이다"(잠 15:15, 원문직역)

잠언 15장 11~18절까지의 말씀은 생명의 지식인 "호크마"(지혜)를 따라 사는 지혜로운 사람과 "호크마"(지혜)를 따라 살지 않는 어리석은 사람의 마음을 대비하며 동의적 병행법과 반의적 병행법으로 기록하고 있습니다.

생명의 지식인 "호크마"(지혜)를 따라 살아가는 지혜로운 마음을 선물로 받은 하나님의 자녀는?

첫째, 감찰하시는 하나님 앞에서 살아가는 사람입니다.
"스올과 아바돈도 여호와의 앞에 드러나거든 하물며 사람의 마음이리요"(잠 15:11)

둘째, 책망하는 사람을 사랑하고 지혜로운 사람에게 가까이 나아가는 사람입니다.
"거만한 자는 견책 받기를 좋아하지 아니하며 지혜 있는 자에게로 가지도 아니하느니라"(잠 15:12)

하나님의 자녀는 책망을 달게 받고 지혜의 말씀을 사랑하는 사람입니다.

셋째, 세상 근심으로 살아가는 사람이 아니라 진리의 기쁨으로 살아가는 사람입니다.

"마음의 즐거움은 얼굴을 빛나게 하여도 마음의 근심은 심령을 상하게 하느니라"(잠 15:13)

넷째, 거짓 교리를 싫어하고 바른 진리의 지식을 찾아가는 사람입니다.

"명철한 자의 마음은 지식을 요구하고 미련한 자의 입은 미련한 것을 즐기느니라"(잠 15:14)

다섯째, 회개해야 할 것을 회개하고 하나님과 좋은 관계를 맺고 동행하며 진리 안에서 성령님과 말씀을 따라 하나님께서 원하시는 "토브"(선, 착한 모든 것)를 행하는 사람입니다.

"고난 받는 자는 그 날이 다 험악하나 마음이 즐거운 자는 항상 잔치하느니라"(잠 15:15)

여섯째, 하나님을 경외하는 것을 최고의 가치로 여기고 사는 사람입니다.

"가산이 적어도 여호와를 경외하는 것이 크게 부하고 번뇌하는 것보다 나으니라"(잠 15:16)

일곱째, 사랑하며 살아가는 사람입니다.

"채소를 먹으며 서로 사랑하는 것이 살진 소를 먹으며 서로 미워하는 것보다 나으니라"(잠 15:17)

여덟째, 분노를 성령님과 말씀을 따라 다스리며 화평케 하는 사람입니다.

"분을 쉽게 내는 자는 다툼을 일으켜도 노하기를 더디 하는 자는 시비를 그치게 하느니라"(잠 15:18)

예수 그리스도의 의를 전가 받은 하나님의 자녀는 "토브 레브"(선한 마음)을 선물로 받은 사람입니다.

그러므로 성삼위 하나님의 은혜로 선한 마음으로 살아가며 하나님을 영화롭게 하는 우리 모두가 되기를 기도합니다.

잠언 15장 19~24절

> "지혜로운 자는 위로 향한 생명 길로 말미암음으로 그 아래에 있는 스올을 떠나게 되느니라"(잠 15:24, 개역개정판)
>
> "생명의 길은 식견(분별력)이 있는 사람을 위로 향하게 하여 아래에 있는 스올로부터 떠나게 한다"(잠 15:24, 원문직역)

잠언 15장 19~24절은 "호크마"(지혜)를 따라 사는 지혜로운 사람과 "호크마"(지혜)를 따라 살지 않는 어리석은 사람이 걸어가는 길을 대비하며 관계적 병행법과 반의적 병행법으로 기록하고 있습니다.

생명의 지식인 "호크마"(지혜)를 따라 걸어가는 하나님의 자녀는?

첫째, 게으르지 않고 자신에게 주어진 책임과 사명을 "야솨르"(올곧음, 바름, 진실함)하게 수행하는 사람입니다.

"게으른 자의 길은 가시 울타리 같으나 정직한 자의 길은 대로니라"(잠 15:19)

둘째, 부모를 공경하는 사람입니다.

"지혜로운 아들은 아비를 즐겁게 하여도 미련한 자는 어미를 업신여기느니라"(잠 15:20)

셋째, 생각이 모자라는 자를 기뻐하지 않고 성령님과 말씀을 따라 올곧은 길을 걸어가는 사람입니다.

"무지한 자는 미련한 것을 즐겨 하여도 명철한 자는 그 길을 바르게 하느니라"(잠 15:21)

넷째, 겸손한 위치에서 지혜로운 사람들의 의견을 듣고 존중하고 배우는 사람입니다.

"의논이 없으면 경영이 무너지고 지략이 많으면 경영이 성립하느니라"(잠 15:22)

다섯째, 때에 맞는 말을 하는 사람입니다.

"사람은 그 입의 대답으로 말미암아 기쁨을 얻나니 때에 맞는 말이 얼마나 아름다운고"(잠 15:24)

여섯째, 하나님께서 기뻐하시는 선한 뜻을 이루기 위하여 예수 그리스도와 동행하는 삶을 사는 사람입니다.

"지혜로운 자는 위로 향한 생명 길로 말미암음으로 그 아래에 있는 스올을 떠나게 되느니라"(잠 15:24)

"그러므로 너희가 그리스도와 함께 다시 살리심을 받았으면 위의 것을 찾으라 거기는 그리스도께서 하나님 우편에 앉아 계시느니라 위의 것을 생각하고 땅의 것을 생각하지 말라 이는 너희가 죽었고 너희 생명이 그리스도와 함께 하나님 안에 감추어졌음이라 우리 생명이신 그리스도께서 나타나실 그 때에 너희도 그와 함께 영광 중에 나타나리라"(골 3:1~4)

예수 그리스도의 의를 전가 받은 하나님의 자녀들은 성령님과 말씀을 따라 올곧은 길을 걸어가는 사람입니다.

그러므로 성삼위 하나님의 은혜로 올곧은 길을 걸어가며 하나님을 영화롭게 하는 우리 모두가 되기를 기도합니다.

잠언 15장 25~33절

> "눈이 밝은 것은 마음을 기쁘게 하고 좋은 기별은 뼈를 윤택하게 하느니라"(잠 15:30, 개역개정판)
>
> "눈들의 빛은 마음을 기쁘게 한다. 좋은 소식은 뼈를 살지게 한다"(잠 15:30, 원문직역)

잠언 15장 25~33절은 "호크마"(지혜)를 따라 사는 지혜로운 사람과 "호크마"(지혜)를 따라 살지 않는 어리석은 사람들의 삶을 대비하며 관계적 병행법과 동의적 병행법과 반의적 병행법으로 기록하고 있습니다.

생명의 지식인 "호크마"(지혜)를 따라 살아가는 하나님의 자녀는?

첫째, 겸손한 위치에서 심령이 가난한 자로 살아가는 사람입니다.
"여호와는 교만한 자의 집을 허시며 과부의 지계를 정하시느니라"(잠 15:25)
"온유한 자는 복이 있나니 그들이 땅을 기업으로 받을 것임이요"(마 5:5)
"심령이 가난한 자는 복이 있나니 천국이 그들의 것임이요"(마 5:3)

둘째, 거짓 교리를 역겨워하고 바른 교리를 따라 기쁘고 친절한 말을 하는 사람입니다.
"악한 꾀는 여호와께서 미워하시나 선한 말은 정결하니라"(잠 15:26)

셋째, 이익을 가치의 재료로 삼지 않고 "체다카"(의)와 "미쉬파트"(공의)로 살아가는 사람입니다.

"이익을 탐하는 자는 자기 집을 해롭게 하나 뇌물을 싫어하는 자는 살게 되느니라"(잠 15:27)

넷째, 함부로 말하지 않고 하나님께 영광 돌리기 위하여 성령님과 말씀을 따라 신중하게 말하는 사람입니다.

"의인의 마음은 대답할 말을 깊이 생각하여도 악인의 입은 악을 쏟느니라"(잠 15:28)

다섯째, 예수님 안에서 성령님과 말씀을 따라 하나님의 선하시고 기뻐하시는 뜻을 이루기 위하여 기도하는 사람입니다.

"여호와는 악인을 멀리 하시고 의인의 기도를 들으시느니라"(잠 15:29)

여섯째, 하나님의 말씀인 율법과 복음으로 기뻐하고 즐거워하는 사람입니다.

"눈이 밝은 것은 마음을 기쁘게 하고 좋은 기별은 뼈를 윤택하게 하느니라"(잠 15:30)

일곱째, 생명이 담긴 책망을 소중히 여기는 사람입니다.

"생명의 경계를 듣는 귀는 지혜로운 자 가운데에 있느니라"(잠 15:31)

여덟째, 훈계와 책망을 소중하게 여기는 사람입니다.

"훈계 받기를 싫어하는 자는 자기의 영혼을 경히 여김이라 견책을 달게 받는 자는 지식을 얻느니라"(잠 15:32)

아홉째, 여호와를 경외하며 겸손한 위치에서 사는 사람입니다.

"여호와를 경외하는 것은 지혜의 훈계라 겸손은 존귀의 길잡이니라"(잠 15:33)

예수 그리스도의 공로(의)를 전가받은 지혜로운 하나님의 자녀들은 선하고 거룩한 위치에서 하나님을 두려워하고 하나님을 신뢰하고 겸손한 위치에서 하나님께 나아가 하나님의 말씀을 듣고 순종하는 사람입니다.

그러므로 성삼위 하나님의 은혜로 생명의 지식인 "호크마"(지혜)를 따라 살아가며 하나님을 영화롭게 하는 우리 모두가 되기를 기도합니다.

잠언 16장 1~9절

> "마음의 경영은 사람에게 있어도 말의 응답은 여호와께로부터 나오느니라"(잠 16:1, 개역개정판)
>
> "사람의 마음이 그의 길을 계획한다. 그러나 여호와께서 그의 걸음을 정해주신다"(잠 16:9, 원문직역)

잠언 16장 1~9절에는 하나님의 주권에 대한 말씀이 기록되어 있습니다.

하나님의 주권은 하나님께서 보존하시고 운행하시고 통치하시는 섭리의 역사입니다.

하나님의 주권을 아는 지혜로운 하나님의 자녀들이 어떤 일들을 계획하고 실행할 때는?

첫째, 자신의 생각이 좋다고 할지라도 기도 응답으로 하나님의 생각과 하나님의 계획을 보고 깨닫고 알아야 합니다.
 "마음의 경영은 사람에게 있어도 말의 응답은 여호와께로부터 나오느니라"(잠 16:1)

둘째, 청결한 심령을 가지고 있는지 하나님께 감찰받아야 합니다.
 "사람의 행위가 자기 보기에는 모두 깨끗하여도 여호와는 심령을 감찰하시느니라"(잠 16:2)

셋째, 내게 주신 기업이 하나님께서 주신 기업이라 깨닫고 하나님께서 운행하시는 경영에 참여해야 합니다.

"너의 행사를 여호와께 맡기라 그리하면 네가 경영하는 것이 이루어지리라"(잠 16:3)

넷째, 성령님과 말씀을 따라 하나님께서 운행하시는 경영에 참여해야 합니다.

"사람이 마음으로 자기의 길을 계획할지라도 그의 걸음을 인도하시는 이는 여호와시니라"(잠 16:9)

하나님의 주권가운데 일어나는 일들은?

첫째, 악인도 재앙의 날을 위하여 만들어 진 일입니다.

"여호와께서 온갖 것을 그 쓰임에 적당하게 지으셨나니 악인도 악한 날에 적당하게 하셨느니라"(잠 16:4)

둘째, 교만한 자들의 연합이 심판받는 일입니다.

"무릇 마음이 교만한 자를 여호와께서 미워하시나니 피차 손을 잡을지라도 벌을 면하지 못하리라"(잠 16:5)

셋째, 예수 그리스도의 "헤세드"(인애)와 "에메트"(진리)로만 죄용서 받는 일입니다.

"인자와 진리로 인하여 죄악이 속하게 되고"(잠 16:6상)

넷째, 하나님을 경외하므로 악에서 돌아서고 떠나는 일입니다.

"여호와를 경외함으로 말미암아 악에서 떠나게 되느니라"(잠 16:6하)

다섯째, 하나님께 기쁨 될 때 원수들과도 화목하게 되는 일입니다.

"사람의 행위가 여호와를 기쁘시게 하면 그 사람의 원수라도 그와 더불어 화목하게 하시느니라"(잠 16:7)

여섯째, "체다카"(의)로 얻은 적은 소득을 "미쉬파트"(공의) 없는 많은 소득보다 낫게 여겨주시는 일입니다.

"적은 소득이 공의를 겸하면 많은 소득이 불의를 겸한 것보다 나으니라"(잠 16:8)

생명의 지식인 "호크마"(지혜)를 따라 살아가는 지혜로운 하나님의 자녀는 하나님의 주권을 따라 사는 사람들입니다.

"하나님도 한 분이시니 곧 만유의 아버지시라 만유 위에 계시고 만유를 통일하시고 만유 가운데 계시도다"(엡 4:6)

그러므로 성삼위 하나님의 은혜로 하나님의 주권가운데 살아가며 하나님을 영화롭게 하는 우리 모두가 되기를 기도합니다.

잠언 16장 10~15절

> "의로운 입술은 왕들이 기뻐하는 것이요 정직하게 말하는 자는 그들의 사랑을 입느니라"(잠 16:13, 개역개정판)
>
> "의의 입술들은 왕들의 기쁜 뜻이다. 그리고 올곧게 말하고 있는 자들을 그가 사랑한다"(잠 16:13, 원문직역)

잠언 16장 10~15절에는 하나님의 주권 아래 있는 왕의 위치와 왕의 다스림을 받는 백성의 위치에 대한 말씀이 기록되어 있습니다.

계시가 완성 된 신약 경륜의 위치에서 말씀을 보고 적용해 보겠습니다.

예수 그리스도의 의를 전가 받은 하나님의 자녀들은 하나님을 왕으로 모시고 사는 사람들입니다.

하나님을 왕으로 모시고 사는 하나님의 자녀는?

첫째, 성령님과 말씀을 따라 판단하고 적용하고 하나님께서 원하시는 뜻대로 결정하는 사람입니다.

"하나님의 말씀이 왕의 입술에 있은즉 재판할 때에 그의 입이 그르치지 아니하리라"(잠 16:10)

둘째, 하나님께서 세우신 일반은총적인 사회 정의를 지키며 사는 사람입니다.

"공평한 저울과 접시 저울은 여호와의 것이요 주머니 속의 저울추도 다 그가 지으신 것이니라"(잠 16:11)

셋째, 하나님께서 역겨워하시는 악을 행하지 않는 사람입니다.

"악을 행하는 것은 왕들이 미워할 바니"(잠 16:12상)

넷째, "체다카 말라크"(의의 다스림)를 받고 사는 사람입니다.

"이는 그 보좌가 공의로 말미암아 굳게 섬이니라"(잠 16:12하)

"체다카 말라크"(의의 다스림)란?
1) 윤리와 도덕과 십계명에 위배되지 않는 실정법을 지키고 사는 도덕적 의와 사법적 의입니다.
2) 하나님을 사랑하고 사람을 사랑하는 관계적 의입니다.
3) 삼위일체 하나님과 예수 그리스도를 닮아가는 성화적 의입니다.
4) 하나님 나라와 하나님 나라의 핵심인 예수 그리스도의 몸 된 교회를 받들어 섬기고 세워나아가는 사역적 의입니다.

다섯째, 하나님의 지식인 "다아트"(지식)와 생명의 지식인 "호크마"(지혜)로 다스림을 받는 의의 입술로 올곧은 말을 하는 사람입니다.

"의로운 입술은 왕들이 기뻐하는 것이요 정직하게 말하는 자는 그들의 사랑을 입느니라"(잠 16:13)

여섯째, 하나님을 경외하며 하나님께서 세우신 권세와 질서를 존중하며 "체다카"(의)와 "미쉬파트"(공의)를 따라 살아가는 사람입니다.

"왕의 진노는 죽음의 사자들과 같아도 지혜로운 사람은 그것을 쉬게 하리라"(잠 16:14)

"각 사람은 위에 있는 권세들에게 복종하라 권세는 하나님으로부터 나지 않음이 없나니 모든 권세는 다 하나님께서 정하신 바라 그러므로 권세를 거스르는 자는 하나님의 명을 거스름이니 거스르는 자들은 심판을 자취하리라 다스리는 자들은 선한 일에 대하여 두려움이 되지 않고 악한 일에 대하여 되나니 네가 권세를 두려워하지 아니하려느냐 선을 행하라 그리하면 그에게 칭찬을 받으리라 그는 하나님의 사역자가 되어 네게 선을 베푸는 자니라 그러나 네가 악을 행하거든 두려워하라 그가 공연히 칼을 가지지 아니하였으니 곧 하나님의 사역자가 되어 악을 행하는 자에게 진노하심을 따라 보응하는 자니라"(롬 13:1~4)

일곱째, 하나님께서 원하시는 선하시고 기쁘신 뜻대로 살아가는 사람입니다.

"왕의 희색은 생명을 뜻하나니 그의 은택이 늦은 비를 내리는 구름과 같으니라"(잠 16:15)

그리스도인의 위치는 하나님을 왕으로 모시고 사는 위치입니다.

그러므로 성삼위 하나님의 은혜로 하나님을 왕으로 모시고 살아가며 하나님을 영화롭게 하는 우리 모두가 되기를 기도합니다.

잠언 16장 16~20절

> "지혜를 얻는 것이 금을 얻는 것보다 얼마나 나은고 명철을 얻는 것이 은을 얻는 것보다 더욱 나으니라"(잠 16:16, 개역개정판)
>
> "지혜를 얻는 것이 금을 얻는 것보다 얼마나 좋으며? 그리고 명철을 얻는 것이 정제된 은을 얻는 것보다 좋다"(잠 16:16, 원문직역)

잠언 16장 16~20절은 생명의 지식인 "호크마"(지혜)를 따라 사는 지혜로운 사람들의 삶의 방식을 기록하고 있습니다.

생명의 지식인 "호크마"(지혜)를 따라 사는 하나님의 자녀는?

첫째, "호크마"(지혜)와 "비나"(명철)를 최고의 가치로 여기는 사람입니다.
 "지혜를 얻는 것이 금을 얻는 것보다 얼마나 나은고 명철을 얻는 것이 은을 얻는 것보다 더욱 나으니라"(잠 16:16)

둘째, 악을 떠나 올곧은 자들이 걸어가는 대로를 계속 지키며 걸어가는 사람입니다.
 "악을 떠나는 것은 정직한 사람의 대로이니 자기의 길을 지키는 자는 자기의 영혼을 보전하느니라"(잠 16:17)

셋째, 교만과 거만한 마음을 날마다 십자가에 못박는 사람입니다.
 "교만은 패망의 선봉이요 거만한 마음은 넘어짐의 앞잡이니라"(잠 16:18)

넷째, 겸손한 자와 겸손을 누리고 교만한 자와 부를 누리는 사람이 아닙니다.

"겸손한 자와 함께 하여 마음을 낮추는 것이 교만한 자와 함께 하여 탈취물을 나누는 것보다 나으니라"(잠 16:19)

다섯째, 말씀에 순종하고 여호와를 "바타흐"(의지)하는 사람입니다.

"삼가 말씀에 주의하는 자는 좋은 것을 얻나니 여호와를 의지하는 자는 복이 있느니라"(잠 16:20)

예수 그리스도의 공로(의)를 전가받은 하나님의 자녀는 은혜로 주어진 "호크마"(지혜)를 따라 겸손한 위치에서 하나님 말씀에 순종하며 하나님만 "바타흐"(의지)하는 사람입니다.

"바타흐"(의지)란 하나님께 자신을 맡기고 매어달리고 순종하고 헌신하는 삶입니다.

그러므로 성삼위 하나님의 은혜로 하나님만 의지하며 하나님을 영화롭게 하는 우리 모두가 되기를 기도합니다.

잠언 16장 21~26절

> "마음이 지혜로운 자는 명철하다 일컬음을 받고 입이 선한 자는 남의 학식을 더하게 하느니라"(잠 16:23, 개역개정판)
>
> "지혜로운 자의 마음은 그의 입으로 식견(분별력, 슬기)이 있게 한다. 그리고 그의 입술들에 그가 통찰력(가르침, 교훈)을 더하게 한다"(잠 16:23, 원문직역)

잠언 16장 21~26절에는 "호크마"(지혜)의 마음을 가지고 사는 사람들의 덕에 대한 말씀이 기록되어 있습니다.

"호크마"(지혜)의 마음을 가지고 사는 하나님의 자녀들의 덕은?

첫째, "빈"(이해력, 깨달음, 명철)이 있는 사람이라고 불리워지는 것입니다.
  "마음이 지혜로운 자는 명철하다 일컬음을 받고"(잠 16:21상)

삶의 바른 기준, 삶의 바른 세계관, 삶의 바른 가치관, 삶의 바른 방법론, 삶의 바른 결정론, 삶의 바른 목표를 가지고 있습니다.

둘째, "메테크 세파타임"(입술들의 달콤함)인 은혜로운 입술과 선한 입술로 "레카흐"(통찰력, 가르침, 교훈)를 더하게 하는 것입니다.
  "입이 선한 자는 남의 학식을 더하게 하느니라"(잠 16:21하)

셋째, 생명의 샘과 같은 "세켈"(식견, 분별력, 명철)를 소유하고 있는 것입니다.

"명철한 자에게는 그 명철이 생명의 샘이 되거니와"(잠 16:22상)

넷째, 어리석음으로 훈계하지 않는 것입니다.

"미련한 자에게는 그 미련한 것이 징계가 되느니라"(잠 16:22하)

다섯째, 자신의 입을 "사칼"(식견, 분별력, 슬기)이 있게 하는 것입니다.

"지혜로운 자의 마음은 그의 입을 슬기롭게 하고"(잠 16:23상)

여섯째, 그의 "사칼"이 있는 입술로 "레카흐"(통찰력, 분별력, 슬기)를 더하게 하는 것입니다.

"또 그의 입술에 지식을 더하느니라"(잠 16:23하)

일곱째, 은혜로운 선한 말로 위로하고 격려하고 치료하는 도구가 되는 것입니다.

"선한 말은 꿀송이 같아서 마음에 달고 뼈에 양약이 되느니라"(잠 16:24)

여덟째, 사망의 길이 아닌 생명의 길로 걸어가는 것입니다.

"어떤 길은 사람이 보기에 바르나 필경은 사망의 길이니라"(잠 16:25)

아홉째, 자신의 삶을 성실하게 살기 위하여 부지런히 일을 하는 것입니다.

"고되게 일하는 자는 식욕으로 말미암아 애쓰나니 이는 그의 입이 자기를 독촉함이니라"(잠 16:26)

예수 그리스도의 공로(의)를 전가받고 생명의 지식인 "호크마"(지혜)를 따라 살아가는 하나님의 자녀는 입술의 열매와 삶의 열매를 맺어갑니다.

"예수 그리스도로 말미암아 의의 열매가 가득하여 하나님의 영광과 찬송이 되기를 원하노라"(빌 1:11)

그러므로 성삼위 하나님의 은혜로 선하고 아름다운 열매를 맺어가며 하나님을 영화롭게 하는 우리 모두가 되기를 기도합니다.

잠언 16장 27~33절

> "노하기를 더디하는 자는 용사보다 낫고 자기의 마음을 다스리는 자는 성을 빼앗는 자보다 나으니라"(잠 16:32, 개역개정판)
>
> "화를 오래 참는 자는 용사보다 낫다. 그리고 그의 마음을 다스리고 있는 자는 성을 빼앗고 있는 자보다 낫다"(잠 16:32, 원문직역)

잠언 16장 27~32절은 "호크마"(지혜)를 따라 살지 않는 악인의 길과 "호크마"(지혜)를 따라 사는 의인의 길을 관계적 병행법으로 기록하고 있습니다.

"호크마"(지혜)를 따라 살지 않는 악인은?

첫째, 악한 것을 계획하고 맹렬한 불과 같은 입술로 행동합니다.
 "불량한 자는 악을 꾀하나니 그 입술에는 맹렬한 불 같은 것이 있느니라"(잠 16:27)

둘째, 분쟁을 일으키고 가까운 친구를 갈라놓습니다.
 "패역한 자는 다툼을 일으키고 말쟁이는 친한 벗을 이간하느니라"(잠 16:28)

셋째, 이웃을 유혹해서 선하지 않은 길로 가게합니다.
 "강포한 사람은 그 이웃을 꾀어 좋지 아니한 길로 인도하느니라"(잠 16:29)

넷째, 왜곡된 일을 계획하고 악한 일을 성취합니다.

"눈짓을 하는 자는 패역한 일을 도모하며 입술을 닫는 자는 악한 일을 이루느니라"(잠 16:30)

"호크마"를 따라 사는 의인은?

첫째, 아름다운 면류관을 의로운 삶안에서 얻습니다.
"백발은 영화의 면류관이라 공의로운 길에서 얻으리라"(잠 16:31)

둘째, 성령님과 말씀을 따라 화를 오래 참습니다.
"노하기를 더디하는 자는 용사보다 낫고"(잠 16:32상)

셋째, 성령님의 능력과 작용으로 자신의 마음을 계속 다스립니다.
"자기의 마음을 다스리는 자는 성을 빼앗는 자보다 나으니라"(잠 16:32하)

넷째, 하나님의 주권 안에서 삽니다.
"제비는 사람이 뽑으나 모든 일을 작정하기는 여호와께 있느니라"(잠 16:33)

예수 그리스도의 의를 전가 받은 하나님의 자녀는 악인들이 걸어가는 길을 걸어가지 않고 의인들이 걸어가는 길을 걸어가는 사람입니다.

그러므로 성삼위 하나님의 은혜로 의인의 길을 걸어가며 하나님을 영화롭게 하는 우리 모두가 되기를 기도합니다.

잠언 17장 1~7절

"가난한 자를 조롱하는 자는 그를 지으신 주를 멸시하는 자요 사람의 재앙을 기뻐하는 자는 형벌을 면하지 못할 자니라"(잠 17:5, 개역개정판)

"가난한 자를 조롱하고 있는 자는 그를 만드신 분을 모욕하는 것이다. 재앙을 기뻐하는 자는 형벌을 면치 못할 것이다"(잠 17:5, 원문직역)

잠언 17장 1~7절은 생명의 지식인 "호크마"(지혜)를 따라 살아가고 있는 하나님 자녀들의 삶을 가르치고 있습니다.

생명의 지식인 "호크마"(지혜)를 따라 살아가고 있는 하나님의 자녀는?

첫째, 선함과 사랑과 화목을 우선 순위로 두는 사람입니다.
 "마른 떡 한 조각만 있고도 화목하는 것이 제육이 집에 가득하고도 다투는 것보다 나으니라"(잠 17:1)

둘째, 착하고 충성된 종의 위치에서 사는 사람입니다.
 "슬기로운 종은 부끄러운 짓을 하는 주인의 아들을 다스리겠고 또 형제들 중에서 유업을 나누어 얻으리라"(잠 17:2)
 "그 주인이 이르되 잘하였도다 착하고 충성된 종아 네가 적은 일에 충성하였으매 내가 많은 것을 네게 맡기리니 네 주인의 즐거움에 참여할지어다 하고"(마 25:21)

셋째, 하나님께서 허락하시는 연단가운데 성숙한 마음을 갖는 사람입니다.

"도가니는 은을, 풀무는 금을 연단하거니와 여호와는 마음을 연단하시느니라"(잠 17:3)

넷째, 악행자와 거짓말하는 자의 말을 경청하고 귀 기울이지 않는 사람입니다.

"악을 행하는 자는 사악한 입술이 하는 말을 잘 듣고 거짓말을 하는 자는 악한 혀가 하는 말에 귀를 기울이느니라"(잠 17:4)

다섯째, 가난한 자를 돌보는 사람입니다.

"가난한 자를 조롱하는 자는 그를 지으신 주를 멸시하는 자요"(잠 17:5상)

"내 사랑하는 형제들아 들을지어다 하나님이 세상에서 가난한 자를 택하사 믿음에 부요하게 하시고 또 자기를 사랑하는 자들에게 약속하신 나라를 상속으로 받게 하지 아니하셨느냐"(약 2:5)

여섯째, 다른 사람이 당하는 재앙을 보고 기뻐하는 사람이 아니라 두려워하는 사람입니다.

"사람의 재앙을 기뻐하는 자는 형벌을 면하지 못할 자니라"(잠 17:5하)

"또 내가 들으니 하늘로부터 다른 음성이 나서 이르되 내 백성아, 거기서 나와 그의 죄에 참여하지 말고 그가 받을 재앙들을 받지 말라"(계 18:4)

일곱째, 자녀를 주의 교훈과 교양으로 양육하고 은혜의 그늘 아래 살고 살 수 있도록 가르치는 사람입니다.

"손자는 노인의 면류관이요 아비는 자식의 영화니라"(잠 17:6)

여덟째, 넘치는 말과 거짓말을 하지 않고 진리와 진실을 말하는 사람입니다.

"지나친 말을 하는 것도 미련한 자에게 합당하지 아니하거든 하물며 거짓말을 하는 것이 존귀한 자에게 합당하겠느냐"(잠 17:7)

생명의 지식인 "호크마"(지혜)를 따라 사는 하나님의 자녀는 하나님 말씀에 다스림을 받고 순종하는 사람입니다.

"너희가 진리를 순종함으로 너희 영혼을 깨끗하게 하여 거짓이 없이 형제를 사랑하기에 이르렀으니 마음으로 뜨겁게 서로 사랑하라 너희가 거듭난 것은 썩어질 씨로 된 것이 아니요 썩지 아니할 씨로 된 것이니 살아 있고 항상 있는 하나님의 말씀으로 되었느니라"(벧전 1:22~23)

그러므로 성삼위 하나님의 은혜로 하나님 말씀에 순종하며 하나님을 영화롭게 하는 우리 모두가 되기를 기도합니다.

잠언 17장 8~14절

> "누구든지 악으로 선을 갚으면 악이 그 집을 떠나지 아니하리라"(잠 17:13, 개역개정판)
>
> "선을 악으로 갚고 있는 자는 악이 그의 집으로부터 떠나지 않을 것이다"(잠 17:13, 원문직역)

잠언 17장 8~14절은 생명의 지식인 "호크마"(지혜)를 따라 살아가고 있는 하나님의 자녀들의 삶을 가르치고 있습니다.

생명의 지식인 "호크마"(지혜)를 따라 살아가는 하나님의 자녀는?

첫째, 뇌물을 쓰지 않고 뇌물로 영향력을 행사하지 않는 사람입니다.
  "뇌물은 그 임자가 보기에 보석 같은즉 그가 어디로 향하든지 형통하게 하느니라"(잠 17:8)

둘째, 허물을 덮어주는 사람입니다.
  "허물을 덮어 주는 자는 사랑을 구하는 자요 그것을 거듭 말하는 자는 친한 벗을 이간하는 자니라"(잠 17:9)

셋째, 책망을 달게 받는 사람입니다.
  "한 마디 말로 총명한 자에게 충고하는 것이 매 백 대로 미련한 자를 때리는 것보다 더욱 깊이 박히느니라"(잠 17:10)

넷째, "메리"(배도, 배교, 반역)하지 않는 사람입니다.

"악한 자는 반역만 힘쓰나니 그러므로 그에게 잔인한 사자가 보냄을 받으리라"(잠 17:11)

다섯째, 분노와 격정에 사로잡힌 "케실"(미련한 자)의 행동을 하지 않는 사람입니다.

"차라리 새끼 빼앗긴 암곰을 만날지언정 미련한 일을 행하는 미련한 자를 만나지 말 것이니라"(잠 17:12)

여섯째, 선을 악으로 갚지 않는 사람입니다.

"누구든지 악으로 선을 갚으면 악이 그 집을 떠나지 아니하리라"(잠 17:13)

일곱째, 다툼의 시작을 멈추고 진압하는 사람입니다.

"다투는 시작은 둑에서 물이 새는 것 같은즉 싸움이 일어나기 전에 시비를 그칠 것이니라"(잠 17:14)

생명의 지식인 "호크마"(지혜)를 따라 살아가는 하나님 자녀들의 삶은 하나님께서 베푸시는 은혜의 열매입니다.

그러므로 성삼위 하나님의 은혜로 삶의 열매를 맺으며 하나님을 영화롭게 하는 우리 모두가 되기를 기도합니다.

잠언 17장 15~20절

> "다툼을 좋아하는 자는 죄과를 좋아하는 자요 자기 문을 높이는 자는 파괴를 구하는 자니라"(잠 17:19, 개역개정판)
>
> "위반(범죄, 죄악, 죄과)을 사랑하고 있는 자는 싸움을 사랑하고 있는 자이다. 자기 문을 높이고 있는 자는 멸망(패망, 파멸)을 추구하고 있는 자이다"(잠 17:19, 원문 직역)

잠언 17장 15~20절은 생명의 지식인 "호크마"(지혜)를 따라 살아가고 있는 하나님의 자녀들의 삶을 가르치고 있습니다.

생명의 지식인 "호크마"(지혜)를 따라 살아가는 하나님의 자녀는?

첫째, 하나님께서 역겨워하시는 의롭지 못한 판단을 하지 않는 사람입니다.

"악인을 의롭다 하고 의인을 악하다 하는 이 두 사람은 다 여호와께 미움을 받느니라"(잠 17:15)

둘째, 하나님께서 지혜의 값으로 주신 은혜의 방편들을 소중히 여기며 간절한 마음과 뜨거운 소원으로 지혜를 사려고 하는 사람입니다.

"미련한 자는 무지하거늘 손에 값을 가지고 지혜를 사려 함은 어찜인고"(잠 17:16)

셋째, 옳은 친구를 변함없이 사랑하는 사람입니다.

"친구는 사랑이 끊어지지 아니하고"(잠 17:17상)

넷째, 혈통 중에 있는 형제가 고난 중에 있을 때 자발적으로 서로 돕는 사람입니다.

"형제는 위급한 때를 위하여 났느니라"(잠 17:17하)

다섯째, 올바른 보증이 아닌 그릇된 보증을 하지 않는 사람입니다.

"지혜 없는 자는 남의 손을 잡고 그의 이웃 앞에서 보증이 되느니라"(잠 17:18)

여섯째, 싸움을 사랑하고 자기 문을 높이는 교만한 자가 아닙니다.

"다툼을 좋아하는 자는 죄과를 좋아하는 자요 자기 문을 높이는 자는 파괴를 구하는 자니라"(잠 17:19)

하나님의 자녀는 삶의 사소한 일반적 문제로 인한 싸움과 어쩔 수 없는 경우의 수가 아닌 세상 일의 모든 문제를 법정적으로 해결하는 싸움과 정치적 문제의 싸움과 신앙의 논쟁적 싸움을 하지 않는 사람입니다.

일곱째, "익케쉬 레브"(왜곡된, 굽어진, 비뚤어진 마음)로 "토브"(진리 안에서 복됨)를 찾지 못하는 사람이 아닙니다.

"마음이 굽은 자는 복을 얻지 못하고"(잠 17:20상)

여덟째, 자신의 이익가치에 따라 혀를 "하파크"(재빨리 바꾸는 것)하는 사람이 아닙니다.

"혀가 패역한 자는 재앙에 빠지느니라"(잠 17:20하)

예수 그리스도의 공로(의)를 성령님을 통하여 전가 받은 하나님의 자녀는 청결한 마음으로 살아가는 사람입니다.

"마음이 청결한 자는 복이 있나니 그들이 하나님을 볼 것임이요"(마 5:8)

그러므로 성삼위 하나님의 은혜로 청결한 마음의 위치에서 살아가며 하나님을 영화롭게 하는 우리 모두가 되기를 기도합니다.

잠언 17장 21~28절

> "지혜는 명철한 자 앞에 있거늘 미련한 자는 눈을 땅 끝에 두느니라"(잠 17:24, 개역개정판)
>
> "지혜는 깨닫고 있는 자의 얼굴들 앞에 있다. 그러나 미련한 자의 눈들은 땅의 끝에 있다"(잠 17:24, 원문직역)

잠언 17장 21~28절은 생명의 지식인 "호크마"(지혜)를 따라 살아가고 있는 하나님의 자녀들의 삶을 가르치고 있습니다.

생명의 지식인 "호크마"(지혜)를 따라 살아가고 있는 하나님의 자녀는?

첫째, 자식이 미련한 자("케실")가 되지 않도록 주의 교양과 훈계로 양육하고 간절히 기도하는 사람입니다.

"미련한 자를 낳는 자는 근심을 당하나니 미련한 자의 아비는 낙이 없느니라"(잠 17:21)

둘째, 하나님으로 인하여 기뻐하고 즐거워하며 세상 근심으로 살지 않는 사람입니다.

"마음의 즐거움은 양약이라도 심령의 근심은 뼈를 마르게 하느니라"(잠 17:22)

셋째, 뇌물을 받고 공의의 길들을 "레할토트"(비틀다, 치우치게하다, 굽게하다) 하는 사람이 아닙니다.

"악인은 사람의 품에서 뇌물을 받고 재판을 굽게 하느니라"(잠 17:23)

넷째, 세상이 주는 감정과 지식과 가치관으로 살지 않고 생명의 지식인 "호크마"(지혜)를 따라 사는 사람입니다.

"지혜는 명철한 자 앞에 있거늘 미련한 자는 눈을 땅 끝에 두느니라"(잠 17:24)

다섯째, 미련한 아들("케실 벤")이 되지 않도록 생명의 지식인 "호크마"(지혜)와 부모가 가르치는 주의 교양과 훈계를 잘 받고 5계명에 순종하는 사람입니다.

"미련한 아들은 그 아비의 근심이 되고 그 어미의 고통이 되느니라"(잠 17:25)

여섯째, 하나님께서 주신 권위와 권세를 올곧게 사용하는 사람입니다.

"의인을 벌하는 것과 귀인을 정직하다고 때리는 것은 선하지 못하니라"(잠 17:26)

일곱째, 절제있는 지식과 침착한 성품으로 말을 아끼는 사람입니다.

"말을 아끼는 자는 지식이 있고 성품이 냉철한 자는 명철하니라"(잠 17:27)

여덟째, 침묵할 상황에서 침묵하고 입술을 다물 상황에서 입술을 다무는 사람입니다.

"미련한 자라도 잠잠하면 지혜로운 자로 여겨지고 그의 입술을 닫으면 슬기로운 자로 여겨지느니라"(잠 17:28)

예수 그리스도의 공로(의)를 전가 받고 거듭난 하나님의 자녀는 하나님 말씀에 순종하는 위치에서 사는 사람입니다.

그러므로 성삼위 하나님의 은혜로 하나님 말씀에 순종하며 하나님을 영화롭게 하는 우리 모두가 되기를 기도합니다.

잠언 18장 1~8절

> "명철한 사람의 입의 말은 깊은 물과 같고 지혜의 샘은 솟구쳐 흐르는 내와 같으니라"(잠 18:4, 개역개정판)
>
> "(명철한) 사람의 입의 말들은 깊은 곳의 물들이고 지혜의 샘은 솟구쳐 오르고 있는 시내이다"(잠 18:4, 원문직역)

잠언 18장 1~8절은 생명의 지식인 "호크마"(지혜)를 따라 살아가고 있는 하나님의 자녀들의 삶을 가르치고 있습니다.

생명의 지식인 "호크마"(지혜)를 따라 살아가는 하나님의 자녀는?

첫째, 진리의 공동체로부터 스스로 분열하고 당 짓고 이단에 속하는 자들이 아닙니다.

"무리에서 스스로 갈라지는 자는 자기 소욕을 따르는 자라 온갖 참 지혜를 배척하느니라"(잠 18:1)

둘째, "비트부나 다아트"(명철한 지식)를 거부하고 단순한 "호크마"(지혜)인 지식을 적용하는 지혜로만 살아가는 사람이 아닙니다.

"미련한 자는 명철을 기뻐하지 아니하고 자기의 의사를 드러내기만 기뻐하느니라"(잠 18:2)

"비트부나 다아트"(명철한 지식)는 하나님 나라의 삶의 기준, 삶의 세계관, 삶의 가치관, 삶의 방법, 삶의 결정, 삶의 목표입니다.

하나님의 자녀는 이러한 하나님 나라의 지식의 콘텐츠를 자신의 가치체계와 사고체계와 세계관과 시스템으로 삼고 "호크마"(지혜)라는 지혜의 도구를 지식을 적용하는 단계의 지식으로 삼고 살아갑니다.

그리서 "다아트"(지식)있는 "호크마"(지혜)를 "호크마"(생명의 지식)로 명칭합니다.

셋째, 진리를 거부하고 악행을 하는 악인들을 따라 부끄러운 짓을 하지 않는 사람입니다.

"악한 자가 이를 때에는 멸시도 따라오고 부끄러운 것이 이를 때에는 능욕도 함께 오느니라"(잠 18:3)

넷째, 영혼을 살리는 생명의 은혜와 생명의 은혜를 풍성하게 드러내는 지식이 있는 사람입니다.

"명철한 사람의 입의 말은 깊은 물과 같고 지혜의 샘은 솟구쳐 흐르는 내와 같으니라"(잠 18:4)

다섯째, 하나님을 두려워하는 위치에서 공의로운 판단과 재판을 하는 사람입니다.

"악인을 두둔하는 것과 재판할 때에 의인을 억울하게 하는 것이 선하지 아니하니라"(잠 18:5)

여섯째, 다툼을 일으키는 입술과 매를 자청하는 입을 가진 사람이 아닙니다.

"미련한 자의 입술은 다툼을 일으키고 그의 입은 매를 자청하느니라"(잠 18:6)

일곱째, 자기 자신을 파멸시키고 자신의 영혼에 함정을 파는 사람이 아닙니다.

"미련한 자의 입은 그의 멸망이 되고 그의 입술은 그의 영혼의 그물이 되느니라"(잠 18:7)

여덟째, 남의 허물 말하기를 좋아하지 않는 사람입니다.

"남의 말하기를 좋아하는 자의 말은 별식과 같아서 뱃속 깊은 데로 내려가느니라"(잠 18:8)

생명의 지식인 "호크마"(지혜)를 따라 살아가는 하나님의 자녀의 입과 입술은 은혜의 도구, 진리의 도구, 사랑의 도구, 감사의 도구, 찬양의 도구, 축복의 도구, 서기관의 붓 끝처럼 되어져가고 만들어 집니다.

그러므로 성삼위 하나님의 은혜로 착한 입으로 살아가며 하나님을 영화롭게 하는 우리 모두가 되기를 기도합니다.

잠언 18장 9~16절

> "명철한 자의 마음은 지식을 얻고 지혜로운 자의 귀는 지식을 구하느니라"(잠 18:15, 개역개정판)
>
> "명철한 자의 마음은 지식을 얻는다. 그리고 지혜로운 자들의 귀는 지식을 찾는다"(잠 18:15, 원문직역)

잠언 18장 9~16절은 생명의 지식인 "호크마"(지혜)를 따라 살아가고 있는 하나님의 자녀들의 삶을 가르치고 있습니다.

생명의 지식인 "호크마"(지혜)를 따라 살아가는 하나님의 자녀는?

첫째, 자신에게 주어진 일(사명)에 열심 내는 사람입니다.
"자기의 일을 게을리하는 자는 패가하는 자의 형제니라"(잠 18:9)
"그 주인이 이르되 잘하였도다 착하고 충성된 종아 네가 적은 일에 충성하였으매 내가 많은 것을 네게 맡기리니 네 주인의 즐거움에 참여할지어다 하고 한 달란트 받았던 자는 와서 이르되 주인이여 당신은 굳은 사람이라 심지 않은 데서 거두고 헤치지 않은 데서 모으는 줄을 내가 알았으므로 두려워하여 나가서 당신의 달란트를 땅에 감추어 두었었나이다 보소서 당신의 것을 가지셨나이다 그 주인이 대답하여 이르되 악하고 게으른 종아 나는 심지 않은 데서 거두고 헤치지 않은 데서 모으는 줄로 네가 알았느냐"(마 25:23~26)

둘째, "미그달 오즈"(견고한 망대)와 같은 여호와의 이름 안에서 살고 피하는 사람입니다.
"여호와의 이름은 견고한 망대라 의인은 그리로 달려가서 안전함을 얻느니라"(잠

18:10)

셋째, 재물을 자신의 견고한 성읍처럼 여기지 않고 자신의 상상속에서 높여진 성벽처럼 생각하지 않는 사람입니다.

"부자의 재물은 그의 견고한 성이라 그가 높은 성벽 같이 여기느니라"(잠 18:11)

하나님의 자녀는 하나님만 신뢰하고 의지하며 재물을 자신의 삶의 우선순위에서 상위질서가 아닌 하위질서에 두는 사람입니다.

넷째, 멸망당하게 하는 교만의 위치가 아니라 영광을 받게 하는 겸손의 위치에서 사는 사람입니다.

"사람의 마음의 교만은 멸망의 선봉이요 겸손은 존귀의 길잡이니라"(잠 18:12)

다섯째, 신중하게 듣고 판단하고 건전한 지혜로 대답하는 사람입니다.

"사연을 듣기 전에 대답하는 자는 미련하여 욕을 당하느니라"(잠 18:13)

여섯째, 건강한 영혼을 가진 사람입니다.

"사람의 심령은 그의 병을 능히 이기려니와 심령이 상하면 그것을 누가 일으키겠느냐"(잠 18:14)

건강한 영혼은 성령님과 말씀에 다스림 받는 지, 정, 의와 참지식과 의로움과 거룩함으로 빚어진 하나님의 형상입니다.

일곱째, 하나님 말씀을 사모하는 마음과 하나님 말씀에 순종하는 귀를 가진 사람입니다.

"명철한 자의 마음은 지식을 얻고 지혜로운 자의 귀는 지식을 구하느니라"(잠

18:15)

여덟째, 이익가치를 따르지 않고 존경과 사랑과 긍휼의 동기에서 선물하는 사람입니다.

"사람의 선물은 그의 길을 넓게 하며 또 존귀한 자 앞으로 그를 인도하느니라"(잠 18:16)

하나님의 자녀는 하나님만 "바타흐"(의지)하는 사람입니다.

하나님께 자신의 모든 것을 맡기고 매어달리고 순종하고 헌신하는 사람입니다.

그러므로 성삼위 하나님의 은혜로 하나님만 "바타흐"(의지)하며 하나님을 영화롭게 하는 우리 모두가 되기를 기도합니다.

잠언 18장 17~24절

"죽고 사는 것이 혀의 힘에 달렸나니 혀를 쓰기 좋아하는 자는 혀의 열매를 먹으리라"(잠 18:21, 개역개정판)

"죽음과 생명들은 혀의 힘에 있다. 그리고 그것을(혀를) 사랑하고 있는 자들은 그것의(혀의) 열매를 먹을 것이다"(잠 18:21, 원문직역)

잠언 18장 17~24절은 생명의 지식인 "호크마"(지혜)를 따라 살아가고 있는 하나님의 자녀들의 삶을 가르치고 있습니다.

생명의 지식인 "호크마"(지혜)를 따라 살아가는 하나님의 자녀는?

첫째, 신중하게 듣고 객관적인 판단을 하는 사람입니다.
 "송사에서는 먼저 온 사람의 말이 바른 것 같으나 그의 상대자가 와서 밝히느니라"(잠 18:17)

둘째, 하나님의 뜻(말씀)에 순종하는 사람입니다.
 "제비 뽑는 것은 다툼을 그치게 하여 강한 자 사이에 해결하게 하느니라"(잠 18:18)

셋째, 그리스도 안에 있는 지체들과 혈통을 가진 형제들과 불화하지 않고 화목하기에 힘쓰는 사람입니다.
 "노엽게 한 형제와 화목하기가 견고한 성을 취하기보다 어려운즉 이러한 다툼은 산성 문빗장 같으니라"(잠 18:19)

넷째, 성령님과 말씀을 따라 선하고 의롭고 진실한 말을 하는 사람입니다.

"사람은 입에서 나오는 열매로 말미암아 배부르게 되나니 곧 그의 입술에서 나는 것으로 말미암아 만족하게 되느니라"(잠 18:20)

다섯째, 생사화복에 영향 끼치는 혀를 생명의 지식인 "호크마"(지혜)를 따라 사용하는 사람입니다.

"죽고 사는 것이 혀의 힘에 달렸나니 혀를 쓰기 좋아하는 자는 혀의 열매를 먹으리라"(잠 18:21)

여섯째, 좋은 아내를 찾은 것은 하나님께서 주신 은총이라는 것을 아는 사람입니다.

"아내를 얻는 자는 복을 얻고 여호와께 은총을 받는 자니라"(잠 18:22)

일곱째, 겸손한 위치에서 살고 교만과 거만한 위치에서 살지 않는 사람입니다.

"가난한 자는 간절한 말로 구하여도 부자는 엄한 말로 대답하느니라"(잠 18:23)

여덟째, 친구를 이익의 재료로 삼지 않고 사랑의 대상으로 여기는 사람입니다.

"많은 친구를 얻는 자는 해를 당하게 되거니와 어떤 친구는 형제보다 친밀하니라"(잠 18:24)

그러므로 성삼위 하나님의 은혜로 진실의 위치에서 살아가며 하나님을 영화롭게 하는 우리 모두가 되기를 기도합니다.

잠언 19장 1~7절

> "가난하여도 성실하게 행하는 자는 입술이 패역하고 미련한 자보다 나으니라"(잠 19:1, 개역개정판)
>
> "자신의 온전함으로 걷고 있는 자는 그의 입술이 굽어지고 우둔한 자보다 낫다"(잠 19:1, 원문직역)

잠언 19장 1~7절은 생명의 지식인 "호크마"(지혜)를 따라 살아가고 있는 하나님의 자녀들의 삶을 가르치고 있습니다.

생명의 지식인 "호크마"(지혜)를 따라 살아가는 하나님의 자녀는?

첫째, "톰"(교리적 성결과 도덕적 성결)을 따라 살아가는 사람입니다.
 "가난하여도 성실하게 행하는 자는 입술이 패역하고 미련한 자보다 나으니라"(잠 19:1)

둘째, 자신의 "네페쉬"(영혼, 사람, 열심)를 "다아트"(지식)로 점검하고 행동하는 사람입니다.
 "지식 없는 소원은 선하지 못하고"(잠 19:2상)

셋째, 성령님과 말씀을 따라 하나님의 재가를 받고 행동하는 사람입니다.
 "발이 급한 사람은 잘못 가느니라"(잠 19:20하)

넷째, 자신의 잘못된 결정을 회개하고 하나님께서 원하시는 길로 걸어가는 사람입니다.

"사람이 미련하므로 자기 길을 굽게 하고 마음으로 여호와를 원망하느니라"(잠 19:3)

다섯째, 재물을 따라가지 않고 하나님으로 만족하는 사람입니다.

"재물은 많은 친구를 더하게 하나 가난한즉 친구가 끊어지느니라"(잠 19:4)

여섯째, 거짓으로 화인 맞는 양심이 되는 것을 두려워하고 거짓을 회개하며 하나님의 심판에 이르지 않는 사람입니다.

"거짓 증인은 벌을 면하지 못할 것이요 거짓말을 하는 자도 피하지 못하리라"(잠 19:5)

일곱째, 하나님만을 진정한 친구로 삼고 하나님만을 따라사는 사람입니다.

"너그러운 사람에게는 은혜를 구하는 자가 많고 선물 주기를 좋아하는 자에게는 사람마다 친구가 되느니라 가난한 자는 그의 형제들에게도 미움을 받거든 하물며 친구야 그를 멀리 하지 아니하겠느냐 따라가며 말하려 할지라도 그들이 없어졌으리라"(잠 19:6~7)

하나님의 자녀는 하나님만을 자신의 기업으로 여기고 사는 사람입니다.

그러므로 성삼위 하나님의 은혜로 하나님만을 자신의 기업으로 여기며 하나님을 영화롭게 하는 우리 모두가 되기를 기도합니다.

잠언 19장 8~14절

> "지혜를 얻는 자는 자기 영혼을 사랑하고 명철을 지키는 자는 복을 얻느니라"(잠 19:8, 개역개정판)
>
> "마음(지혜)을 얻고 있는 자는 자신의 영혼을 사랑하고 있는 자이다. 명철을 지키고 있는 자는 좋은 것을 만난다"(잠 19:8, 원문직역)

잠언 19장 8~14절은 생명의 지식인 "호크마"(지혜)를 따라 살아가고 있는 하나님의 자녀들의 삶을 가르치고 있습니다.

생명의 지식인 "호크마"(지혜)를 따라 살아가는 하나님의 자녀는?

첫째, 날마다 생명의 지식인 "호크마"(지혜)를 따라 살아가고 있는 사람입니다.

"지혜를 얻는 자는 자기 영혼을 사랑하고"(잠 19:8상)

둘째, 날마다 "테부나"(명철, 슬기로움)가운데 살아가며 "토브"(선)인 진리 안에서의 복된 은총으로 자신에게 유익되게 하며 열매를 맺게 하는 사람입니다.

"명철을 지키는 자는 복을 얻느니라"(잠 19:8하)

셋째, 거짓과 거짓 증언을 미워하고 두려워하며 진실의 위치에서 사는 사람입니다.

"거짓 증인은 벌을 면하지 못할 것이요 거짓말을 뱉는 자는 망할 것이니라"(잠 19:9)

넷째, 지혜로운 사람의 위치에서 하나님께서 주신 복을 적정과 절도 가운데 누리는 사람입니다.

"미련한 자가 사치하는 것이 적당하지 못하거든"(잠 19:10상)

다섯째, 하나님께서 세우신 은사와 질서에 순종하는 사람입니다.

"하물며 종이 방백을 다스림이랴"(잠 19:10하)

여섯째, 성령님과 말씀을 따라 자신의 분노를 다스리는 사람입니다.

"노하기를 더디 하는 것이 사람의 슬기요"(잠 19:11)

일곱째, 용서받은 은혜로 용서하고 하나님을 본받아 허물을 덮어 주는 사람입니다.

"허물을 용서하는 것이 자기의 영광이니라"(잠 19:11하)

여덟째, 하나님께서 세우신 통치의 질서를 존중하며 의롭게 살아가는 사람입니다.

"왕의 노함은 사자의 부르짖음 같고 그의 은택은 풀 위의 이슬 같으니라"(잠 19:12)

아홉째, 미련한 아들의 위치에서 살지 않는 사람입니다.

"미련한 아들은 그의 아비의 재앙이요"(잠 19:13상)

열 번째, 다툼의 위치에서 살지 않고 화목의 위치에서 사는 사람입니다.

"다투는 아내는 이어 떨어지는 물방울이니라"(잠 19:13하)

열한 번째, 일반 섭리가 아닌 특별 섭리의 은총으로 슬기로운 아내를 선물로 받는 사람입니다.

"집과 재물은 조상에게서 상속하거니와 슬기로운 아내는 여호와께로서 말미암느니라"(잠 19:14)

예수 그리스도의 공로(의)를 전가받은 하나님의 자녀는 "토브"(선)인 진리 안에서의 복된 은총을 누리며 사는 사람입니다.

그러므로 성삼위 하나님의 은혜로 "토브"(선) 안에서 살아가며 하나님을 영화롭게 하는 우리 모두가 되기를 기도합니다.

잠언 19장 15~22절

> "계명을 지키는 자는 자기의 영혼을 지키거니와 자기의 행실을 삼가지 아니하는 자는 죽으리라"(잠 19:16, 개역개정판)

> "계명(명령)을 지키고 있는 자는 그의 목숨(생명)을 지키는 자이다. 자신의 길을 멸시하고 있는 자는 죽을 것이다"(잠 19:16, 원문직역)

잠언 19장 15~22절은 생명의 지식인 "호크마"(지혜)를 따라 살아가고 있는 하나님의 자녀들의 삶을 가르치고 있습니다.

생명의 지식인 "호크마"(지혜)를 따라 살아가는 하나님의 자녀는?

첫째, 게으르지 않고 부지런한 사람입니다.
"게으름이 사람으로 깊이 잠들게 하나니 태만한 사람은 주릴 것이니라"(잠 19:15)

게으름은 타락의 온상지이며 내적 생명과 삶의 기반을 무너뜨리고 미래의 소망을 짓밟아 버리는 육체의 소욕입니다.
"그 주인이 대답하여 이르되 악하고 게으른 종아 나는 심지 않은 데서 거두고 헤치지 않은 데서 모으는 줄로 네가 알았느냐"(마 25:26)

둘째, 기쁨과 즐거움으로 하나님 말씀에 순종하는 사람입니다.
"계명을 지키는 자는 자기의 영혼을 지키거니와 자기의 행실을 삼가지 아니하는 자는 죽으리라"(잠 19:16)

셋째, 긍휼과 관대함으로 가난한 사람을 돌보는 사람입니다.

"가난한 자를 불쌍히 여기는 것은 여호와께 꾸어 드리는 것이니 그의 선행을 그에게 갚아 주시리라"(잠 19:17)

넷째, 회복을 위하여 따뜻한 공의로 징계하는 사람입니다.

"네가 네 아들에게 희망이 있은즉 그를 징계하되 죽일 마음은 두지 말지니라"(잠 19:17)

다섯째, 혈기와 분노를 성령님과 말씀으로 치료받고 주님 닮아가는 사람입니다.

"노하기를 맹렬히 하는 자는 벌을 받을 것이라 네가 그를 건져 주면 다시 그런 일이 생기리라"(잠 19:19)

여섯째, "에차"(조언, 권고)와 "무사르"(훈계, 훈련)로 미래에 지혜롭게 되는 사람입니다.

"너는 권고를 들으며 훈계를 받으라 그리하면 네가 필경은 지혜롭게 되리라"(잠 19:20)

일곱째, 자신의 원함으로 살지 않고 하나님의 선함으로 사는 사람입니다.

"사람의 마음에는 많은 계획이 있어도 오직 여호와의 뜻만이 완전히 서리라"(잠 19:21)

여덟째, 인애와 정직의 성품으로 사는 사람입니다.

"사람은 자기의 인자함으로 남에게 사모함을 받느니라 가난한 자는 거짓말하는 자보다 나으니라"(잠 19:22)

예수 그리스도의 공로(의)를 전가받은 하나님의 자녀는 기쁨과 즐거움으로 하나님 말씀에 순종하는 위치에서 사는 사람입니다.

그러므로 성삼위 하나님의 은혜로 기쁨과 즐거움으로 하나님 말씀에 순종하며 하나님을 영화롭게 하는 우리 모두가 되기를 기도합니다.

잠언 19장 23~29절

> "거만한 자를 때리라 그리하면 어리석은 자도 지혜를 얻으리라 명철한 자를 견책하라 그리하면 그가 지식을 얻으리라"(잠 19:25, 개역개정판)
>
> "거만한 자(오만한 자, 비웃는 자)를 때려라 어리석은 자가 영리해질 것이다. 그리고 명철한 자를 책망하라. 그가 지식을 깨달을 것이다"(잠 19:25, 원문직역)

잠언 19장 23~29절은 생명의 지식인 "호크마"(지혜)를 따라 살아가고 있는 하나님의 자녀들의 삶을 가르치고 있습니다.

생명의 지식인 "호크마"(지혜)를 따라 살아가는 하나님의 자녀는?

첫째, 경건의 위치에서 하나님을 경외하는 사람입니다.
 "여호와를 경외하는 것은 사람으로 생명에 이르게 하는 것이라 경외하는 자는 족하게 지내고 재앙을 당하지 아니하느니라"(잠 19:23)

둘째, 게으르지 않고 은혜와 진리 안에서 애쓰고 힘쓰고 노력하는 사람입니다.
 "게으른 자는 자기의 손을 그릇에 넣고서도 입으로 올리기를 괴로워하느니라"(잠 19:24)

셋째, 거만한 자를 징계해서 공동체의 질서를 유지하고 명철한 자를 책망해서 지식을 깨닫게 하는 사람입니다.

"거만한 자를 때리라 그리하면 어리석은 자도 지혜를 얻으리라 명철한 자를 견책
하라 그리하면 그가 지식을 얻으리라"(잠 19:25)

넷째, 아버지를 폭행하고 어머니를 상해하는 패륜을 쫓아가는 사람이 아
닙니다.

"아비를 구박하고 어미를 쫓아내는 자는 부끄러움을 끼치며 능욕을 부르는 자식이
니라"(잠 19:26)

다섯째, "다아트"(지식)의 말씀들을 떠나게 하는 "무사르"(훈계) 듣는 것을
멈추는 사람입니다.

"내 아들아 지식의 말씀에서 떠나게 하는 교훈을 듣지 말지니라"(잠 19:27)

여섯째, "미쉬파트"(공의)를 업신여기는 망령된 증인과 죄악을 삼키는 입
을 십자가에 못 박은 사람입니다.

"망령된 증인은 정의를 업신여기고 악인의 입은 죄악을 삼키느니라"(잠 19:28)

일곱째, 겸손하고 지혜로운 위치에서 사는 사람입니다.

"심판은 거만한 자를 위하여 예비된 것이요 채찍은 어리석은 자의 등을 위하여 예
비된 것이니라"(잠 19:29)

예수 그리스도의 공로(의)를 전가받은 하나님의 자녀는 뜻을 다하여 하나
님의 뜻에 대하여 인격적 순종을 하는 사람입니다.

그러므로 성삼위 하나님의 은혜로 뜻을 다하는 인격적 순종을 하며 하나
님을 영화롭게 하는 우리 모두가 되기를 기도합니다.

잠언 20장 1~8절

> "온전하게 행하는 자가 의인이라 그의 후손에게 복이 있느니라"(잠 20:7, 개역개정판)
>
> "의인은 그의 온전함으로 걷고 있으며 복 있는 자는 그의 뒤를 따르는 아들들이다"(잠 20:7, 원문직역)

잠언 20장 1~8절은 생명의 지식인 "호크마"(지혜)를 따라 살아가고 있는 하나님의 자녀들의 삶을 가르치고 있습니다.

생명의 지식인 "호크마"(지혜)를 따라 살아가는 하나님의 자녀는?

첫째, 포도주와 독주로 비틀거리지 않는 사람입니다.

"포도주는 거만하게 하는 것이요 독주는 떠들게 하는 것이라 이에 미혹되는 자마다 지혜가 없느니라"(잠 20:1)
"술 취하지 말라 이는 방탕한 것이니 오직 성령으로 충만함을 받으라"(엡 5:18)

둘째, 하나님께서 세우신 통치의 질서를 존중하며 선하게 살아가는 사람입니다.

"왕의 진노는 사자의 부르짖음 같으니 그를 노하게 하는 것은 자기의 생명을 해하는 것이니라"(잠 20:2)
"각 사람은 위에 있는 권세들에게 복종하라 권세는 하나님으로부터 나지 않음이 없나니 모든 권세는 다 하나님께서 정하신 바라 그러므로 권세를 거스르는 자는 하나님의 명을 거스름이니 거스르는 자들은 심판을 자취하리라 다스리는 자들은 선한 일에 대하여 두려움이 되지 않고 악한 일에 대하여 되나니 네가 권세를 두려워하지 아니하려느냐 선을 행하라 그리하면 그에게 칭찬을 받으리라 그는 하나님의 사역자가 되어 네게 선을 베푸는 자니라 그러나 네가 악을 행하거든 두려워하라 그가 공연히 칼을 가지지 아니하였으니 곧 하나님의 사역자가 되어 악을 행하는 자에게 진노하심을 따라 보응하는 자니라"(롬 13:1~4)

셋째, 다툼을 멀리하고 화평을 추구하는 사람입니다.

"다툼을 멀리 하는 것이 사람에게 영광이거늘 미련한 자마다 다툼을 일으키느니라"(잠 20:3)

"모든 사람과 더불어 화평함과 거룩함을 따르라 이것이 없이는 아무도 주를 보지 못하리라"(히 12:14)

넷째, 게으르지 않고 부지런히 사는 사람입니다.

"게으른 자는 가을에 밭 갈지 아니하나니 그러므로 거둘 때에는 구걸할지라도 얻지 못하리라"(잠 20:4)

다섯째, 성령님과 말씀을 따라 살며 생명의 지식인 "호크마"(지혜)가 있는 사람입니다.

"사람의 마음에 있는 모략은 깊은 물 같으니라 그럴지라도 명철한 사람은 그것을 길어 내느니라"(잠 20:5)

"왕이 대답하여 이르되 산 아이를 저 여자에게 주고 결코 죽이지 말라 저가 그의 어머니이니라 하매 온 이스라엘이 왕이 심리하여 판결함을 듣고 왕을 두려워하였으니 이는 하나님의 지혜가 그의 속에 있어 판결함을 봄이더라"(왕상 3:27~28)

여섯째, 겸손한 위치에서 변함없이 신실하게 살기 위하여 애쓰고 힘쓰고 노력하는 사람입니다.

"많은 사람이 각기 자기의 인자함을 자랑하나니 충성된 자를 누가 만날 수 있으랴"(잠 20:6)

일곱째, 교리적 성결과 도덕적 성결의 위치에서 살며 후손들에게 복을 끼치는 사람입니다.

"온전하게 행하는 자가 의인이라 그의 후손에게 복이 있느니라"(잠 20:7)

여덟째, 하나님의 존전 앞에서 의로운 삶을 사는 사람입니다.

"심판 자리에 앉은 왕은 그의 눈으로 모든 악을 흩어지게 하느니라"(잠 20:8)

하나님의 자녀는 하나님의 존전 앞에서 사는 사람입니다.

"내가 곧 성령에 감동되었더니 보라 하늘에 보좌를 베풀었고 그 보좌 위에 앉으신 이가 있는데 앉으신 이의 모양이 벽옥과 홍보석 같고 또 무지개가 있어 보좌에 둘렸는데 그 모양이 녹보석 같더라 또 보좌에 둘려 이십사 보좌들이 있고 그 보좌들 위에 이십사 장로들이 흰 옷을 입고 머리에 금관을 쓰고 앉았더라 보좌로부터 번개와 음성과 우렛소리가 나고 보좌 앞에 켠 등불 일곱이 있으니 이는 하나님의 일곱 영이라"(계 4:2~5)

그러므로 성삼위 하나님의 은혜로 하나님의 존전앞에서 살아가며 하나님을 영화롭게 하는 우리 모두가 되기를 기도합니다.

잠언 20장 9~15절

> "듣는 귀와 보는 눈은 다 여호와께서 지으신 것이니라"(잠 20:12, 개역개정판)

> "듣고 있는 귀와 보고 있는 귀는 그것들 둘을 또한 여호와께서 만드셨다"(잠 20:12, 원문직역)

잠언 20장 9~15절은 생명의 지식인 "호크마"(지혜)를 따라 살아가고 있는 하나님의 자녀들의 삶을 가르치고 있습니다.

생명의 지식인 "호크마"(지혜)를 따라 살아가는 하나님의 자녀는?

첫째, 자신이 의인된 죄인임을 고백하는 사람입니다.
"내가 내 마음을 정하게 하였다 내 죄를 깨끗하게 하였다 할 자가 누구냐"(잠 20:9)

둘째, 모든 삶에서 진실과 정직과 의를 따라 사는 사람입니다.
"한결같지 않은 저울 추와 한결같지 않은 되는 다 여호와께서 미워하시느니라"(잠 20:10)

셋째, 주의 교양과 훈계로 자녀를 양육하고 기도하는 사람입니다.
"비록 아이라도 자기의 동작으로 자기 품행이 청결한 여부와 정직한 여부를 나타내느니라"(잠 20:11)

넷째, 듣는 귀인 순종과 보는 눈인 깨달음의 은총으로 하나님을 알고 하나님을 경외하는 사람입니다.

"듣는 귀와 보는 눈은 다 여호와께서 지으신 것이니라"(잠 20:12)

다섯째, 게으르지 않고 주어진 일에 열심을 내는 사람입니다.

"너는 잠자기를 좋아하지 말라 네가 빈궁하게 될까 두려우니라 네 눈을 뜨라 그리하면 양식이 족하리라"(잠 20:13)

여섯째, 이중적 심리로 거짓된 흥정을 하지 않고 이익가치를 따라 살지 않는 사람입니다.

"물건을 사는 자가 좋지 못하다 좋지 못하다 하다가 돌아간 후에는 자랑하느니라"(잠 20:14)

일곱째, 하나님을 영화롭게 하고 선한 일에 부요롭게 만드는 보배로운 지식의 입술을 가지고 있는 사람입니다.

"세상에 금도 있고 진주도 많거니와 지혜로운 입술이 더욱 귀한 보배니라"(잠 20:15)

하나님의 자녀는 눈으로 본 진리를 기도로 캐내는 사람입니다.

그러므로 성삼위 하나님의 은혜로 진리와 기도가운데 살아가며 하나님을 영화롭게 하는 우리 모두가 되기를 기도합니다.

잠언 20장 16~23절

> "자기의 아비나 어미를 저주하는 자는 그의 등불이 흑암 중에 꺼짐을 당하리라"(잠 20:20, 개역개정판)
>
> "자기 아버지와 자기 어머니를 저주하고 있는 자는 그의 등불이 어두움의 시간속에서 꺼질 것이다"(잠 20:20, 원문직역)

잠언 20장 16~23절은 생명의 지식인 "호크마"(지혜)를 따라 살아가고 있는 하나님의 자녀들의 삶을 가르치고 있습니다.

생명의 지식인 "호크마"(지혜)를 따라 살아가는 하나님의 자녀는?

첫째, 신중하게 보증을 서는 사람입니다.
 "타인을 위하여 보증 선 자의 옷을 취하라 외인들을 위하여 보증 선 자는 그의 몸을 볼모 잡을지니라"(잠 20:16)

둘째, 남을 속이고 땀을 흘리는 수고없이 이익을 취하는 사람이 아닙니다.
 "속이고 취한 음식물은 사람에게 맛이 좋은 듯하나 후에는 그의 입에 모래가 가득하게 되리라"(잠 20:17)

셋째, 하나님의 재가를 받고 신중하게 계획하고 조언을 받는 사람입니다.
 "경영은 의논함으로 성취하나니 지략을 베풀고 전쟁할지니라"(잠 20:18)

넷째, 험담을 목적으로 돌아다니고 남의 비밀을 누설하기 위하여 항상 입술을 열고 있는 자와 사귀지 않는 사람입니다.

"두루 다니며 한담하는 자는 남의 비밀을 누설하나니 입술을 벌린 자를 사귀지 말지니라"(잠 20:19)

다섯째, 부모를 저주하는 어두움의 시간 속에서 스스로 번영의 은총을 꺼뜨리는 사람이 아닙니다.

"자기의 아비나 어미를 저주하는 자는 그의 등불이 흑암 중에 꺼짐을 당하리라"(잠 20:20)

부모를 저주하고 있는 사람은 빨리 회개하고 돌이켜야 합니다.
계속 그 상태로 있으면 정말 큰 일 납니다!

여섯째, 불의한 방법과 편법으로 성급하게 재물을 모으는 사람이 아닙니다.

"처음에 속히 잡은 산업은 마침내 복이 되지 아니하느니라"(잠 20:21)

일곱째, 심판하시는 하나님께 자신의 억울함을 맡기고 보복하지 않는 사람입니다.

"너는 악을 갚겠다 말하지 말고 여호와를 기다리라 그가 너를 구원하시리라"(잠 20:22)

여덟째, 거짓된 경제활동은 하나님께 역겨움의 대상이 되고 진리 안에서 복된 행동이 아닌 것을 깨닫고 진실하게 살아가는 사람입니다.

"한결같지 않은 저울 추는 여호와께서 미워하시는 것이요 속이는 저울은 좋지 못한 것이니라"(잠 20:23)

예수 그리스도의 모든 공로를 전가 받은 하나님의 자녀는 하나님의 존전 앞에서 성령님과 말씀을 따라 진실하게 살아가는 사람입니다.

그러므로 성삼위 하나님의 은혜로 진실의 위치에서 살아가며 하나님을 영화롭게 하는 우리 모두가 되기를 기도합니다.

잠언 20장 24~30절

"왕은 인자와 진리로 스스로 보호하고 그의 왕위도 인자함으로 말미암아 견고하니라"(잠 20:28, 개역개정판)

"인애와 진리가 왕을 보호한다. 그리고 그의 보좌는 인애로 유지된다"(잠 20:28, 원문직역)

잠언 20장 24~30절은 생명의 지식인 "호크마"(지혜)를 따라 살아가고 있는 하나님의 자녀들의 삶을 가르치고 있습니다.

생명의 지식인 "호크마"(지혜)를 따라 살아가는 하나님의 자녀는?

첫째, 하나님의 절대적인 주권적 다스림을 의존하며 사는 사람입니다.
"사람의 걸음은 여호와로 말미암나니 사람이 어찌 자기의 길을 알 수 있으랴"(잠 20:24)

둘째, 합법적 맹세와 서원을 하고 지키는 사람입니다.
"함부로 이 물건은 거룩하다 하여 서원하고 그 후에 살피면 그것이 그 사람에게 덫이 되느니라"(잠 20:25)

셋째, 성령님과 말씀을 따라 바르게 판단하고 의를 세우는 사람입니다.
"지혜로운 왕은 악인들을 키질하며 타작하는 바퀴를 그들 위에 굴리느니라"(잠 20:26)

넷째, 거듭난 영혼으로 말씀에서 하나님을 알고 자신을 아는 사람입니다.

"사람의 영혼은 여호와의 등불이라 사람의 깊은 속을 살피느니라"(잠 20:27)

다섯째, "헤세드"(인애)와 "에메트"(진리)로 보호받고 "헤세드"(인애)로 유지되는 사람입니다.

"왕은 인자와 진리로 스스로 보호하고 그의 왕위도 인자함으로 말미암아 견고하니라"(잠 20:28)

여섯째, 젊음의 시기에 힘과 용기와 패기가 있는 사람입니다.

"젊은 자의 영화는 그의 힘이요"(잠 20:29상)

일곱째, 늙음의 시기에 신중한 생각과 풍부한 이해와 경험을 가지고 있는 사람입니다.

"늙은 자의 아름다움은 백발이니라"(잠 20:29하)

여덟째, 악을 몰아내고 회복시키려고 긍휼의 징계를 하는 사람입니다.

"상하게 때리는 것이 악을 없이하나니 매는 사람 속에 깊이 들어가느니라"(잠 20:30)

스스로 존재하시고 유일하시고 참이신 삼위일체 하나님은 천지를 창조하신 조성자이시고 수여자이시고 보존자이시고 통치자이십니다.

예수 그리스도의 공로(의)를 전가받은 하나님의 자녀는 하나님의 창조와 재창조와 섭리의 은총 가운데 살아갑니다.

그러므로 성삼위 하나님의 은혜로 창조와 재창조와 섭리의 은총 가운데 살아가며 하나님을 영화롭게 하는 우리 모두가 되기를 기도합니다.

잠언 21장 1~8절

> "사람의 행위가 자기 보기에는 모두 정직하여도 여호와는 마음을 감찰하시느니라"(잠 21:2, 개역개정판)
>
> "각 사람의 모든 길이 자기의 눈들에는 올바르다. 그러나 여호와께서는 마음들을 달아보신다"(잠 21:2, 원문직역)

잠언 21장 1~8절은 생명의 지식인 "호크마"(지혜)를 따라 살아가고 있는 하나님의 자녀들의 삶을 가르치고 있습니다.

생명의 지식인 "호크마"(지혜)를 따라 살아가는 하나님의 자녀는?

첫째, 하나님의 주권적 다스림을 객관적으로 승인하고 주관적으로 확신하는 사람입니다.

> "왕의 마음이 여호와의 손에 있음이 마치 봇물과 같아서 그가 임의로 인도하시느니라"(잠 21:1)

둘째, 자신의 의를 드러내는 사람이 아니라 하나님의 존전 앞에서 하나님을 두려워하는 사람입니다.

> "사람의 행위가 자기 보기에는 모두 정직하여도 여호와는 마음을 감찰하시느니라"(잠 21:2)

셋째, 의와 공의를 따라 생활 예배를 드리고 성령님과 말씀을 따라 의식 예배를 드리는 사람입니다.

"공의와 정의를 행하는 것은 제사 드리는 것보다 여호와께서 기쁘게 여기시느니라"(잠 21:3)

넷째, 죄로 이미 정죄 된 높은 눈과 교만한 마음과 악인의 형통을 따라가지 않는 사람입니다.

"눈이 높은 것과 마음이 교만한 것과 악인이 형통한 것은 다 죄니라"(잠 21:4)

다섯째, 하나님의 영원한 작정의 첫 머리인 하나님의 영광과 하나님의 나라를 위하여 신중하게 계획하고 성실하게 일하고 조급하지 않는 사람입니다.

"부지런한 자의 경영은 풍부함에 이를 것이나 조급한 자는 궁핍함에 이를 따름이니라"(잠 21:5)

여섯째, 속이는 말로 재물을 모으는 사람이 아닙니다.

"속이는 말로 재물을 모으는 것은 죽음을 구하는 것이라 곧 불려다니는 안개니라"(잠 21:6)

일곱째, 공의를 거부하고 폭력을 행사하는 악인의 삶을 따라가지 않는 사람입니다.

"악인의 강포는 자기를 소멸하나니 이는 정의를 행하기 싫어함이니라"(잠 21:7)

여덟째, 범죄자의 길인 구브러진 길을 걸어가지 않고 깨끗한 자의 길인 올곧은 길을 걸어가는 사람입니다.

"죄를 크게 범한 자의 길은 심히 구부러지고 깨끗한 자의 길은 곧으니라"(잠 21:8)

예수 그리스도의 공로(의)를 전가받은 하나님의 자녀는 은혜의 열매로 올곧은 길을 걸어가는 사람입니다.

그러므로 성삼위 하나님의 은혜로 올곧은 길을 걸어가며 하나님을 영화롭게 하는 우리 모두가 되기를 기도합니다.

잠언 21장 9~15절

> "정의를 행하는 것이 의인에게는 즐거움이요 죄인에게는 패망이니라"(잠 21:15, 개역개정판)
>
> "공의를 행하는 것은 의인에게는 기쁨이다. 그러나 악을 행하고 있는 자들에게는 공포다"(잠 21:15, 원문직역)

잠언 21장 9~15절은 생명의 지식인 "호크마"(지혜)를 따라 살아가고 있는 하나님의 자녀들의 삶을 가르치고 있습니다.

생명의 지식인 "호크마"(지혜)를 따라 살아가는 하나님의 자녀는?

첫째, 가정에서 다투지 않고 서로 이해하고 서로 섬기며 화목한 삶을 사는 사람입니다.

"다투는 여인과 함께 큰 집에서 사는 것보다 움막에서 사는 것이 나으니라"(잠 21:9)

둘째, 이웃에게 재앙이 일어나는 것을 원하는 사람이 아니라 이웃에게 "하난"(은혜)을 베푸는 사람입니다.

"악인의 마음은 남의 재앙을 원하나니 그 이웃도 그 앞에서 은혜를 입지 못하느니라"(잠 21:10)

셋째, 거만한 자를 징계해서 공동체의 질서를 유지하고 명철한 자를 책망해서 지식을 깨닫게 하는 사람입니다.

"거만한 자가 벌을 받으면 어리석은 자도 지혜를 얻겠고 지혜로운 자가 교훈을 받으면 지식이 더하리라"(잠 21:11)

넷째, 감찰하시는 의로우신 하나님을 두려워하며 회개하는 사람입니다.
"의로우신 자는 악인의 집을 감찰하시고 악인을 환난에 던지시느니라"(잠 21:12)

다섯째, 가난한 자들의 부르짖음을 듣고 도움의 손길을 펴는 사람입니다.
"귀를 막고 가난한 자가 부르짖는 소리를 듣지 아니하면 자기가 부르짖을 때에도 들을 자가 없으리라"(잠 21:13)

여섯째, 물질로 이해관계를 해결하고 영향력을 행사하는 사람이 아닙니다.
"은밀한 선물은 노를 쉬게 하고 품 안의 뇌물은 맹렬한 분을 그치게 하느니라"(잠 21:14)

일곱째, 공의를 행하는 것을 기쁨으로 여기는 사람입니다.
"정의를 행하는 것이 의인에게는 즐거움이요 죄인에게는 패망이니라"(잠 21:15)

예수 그리스도의 공로(의)를 전가받은 하나님 나라의 자녀는 은혜의 열매로 하나님 나라의 기초인 "체다카"(의)와 "미쉬파트"(공의)를 따라 사는 사람입니다.

그러므로 성삼위 하나님의 은혜로 "체다카"(의)와 "미쉬파트"(공의)를 따라 살아가며 하나님을 영화롭게 하는 우리 모두가 되기를 기도합니다.

잠언 21장 16~23절

> "명철의 길을 떠난 사람은 사망의 회중에 거하리라"(잠 21:16, 개역개정판)
>
> "명철의 길로부터 떠나고 있는 자는 죽은 자들의 회중 가운데 쉴 것이다"(잠 21:16, 원문직역)

잠언 21장 16~23절은 생명의 지식인 "호크마"(지혜)를 따라 살아가고 있는 하나님의 자녀들의 삶을 가르치고 있습니다.

생명의 지식인 "호크마"(지혜)를 따라 살아가는 하나님의 자녀는?

첫째, 배교의 길을 걷지 않고 명철의 길을 날마다 올곧게 걸어가는 사람입니다.

"명철의 길을 떠난 사람은 사망의 회중에 거하리라"(잠 21:16)

둘째, 향락을 하나님보다 더 사랑하지 않고 술과 사치로 인생을 즐기는 사람이 아닙니다.

"연락을 좋아하는 자는 가난하게 되고 술과 기름을 좋아하는 자는 부하게 되지 못하느니라"(잠 21:17)

"향락을 좋아하는 자는 살았으나 죽었느니라"(딤전 5:6)

"술 취하지 말라 이는 방탕한 것이니 오직 성령으로 충만함을 받으라"(엡 5:18)

"이 세상이나 세상에 있는 것들을 사랑하지 말라 누구든지 세상을 사랑하면 아버지의 사랑이 그 안에 있지 아니하니 이는 세상에 있는 모든 것이 육신의 정욕과 안목의 정욕과 이생의 자랑이니 다 아버지께로부터 온 것이 아니요 세상으로부터 온 것이라 이 세상, 그 정욕도 지나가되 오직 하나님의 뜻을 행하는 자는 영원히 거하느니라"(요일 2:15~17)

셋째, 심판하시는 하나님의 주권적 다스림을 믿는 사람입니다.

"악인은 의인의 속전이 되고 사악한 자는 정직한 자의 대신이 되느니라"(잠 21:18)

"악인이 죄악을 낳음이여 재앙을 배어 거짓을 낳았도다 그가 웅덩이를 파 만듦이여 제가 만든 함정에 빠졌도다 그의 재앙은 자기 머리로 돌아가고 그의 포악은 자기 정수리에 내리리로다"(시 7:14~16)

넷째, 논쟁(다툼)과 성내는 것을 날마다 십자가에 못박고 화목과 사랑 안에 살아가는 사람입니다.

"다투며 성내는 여인과 함께 사는 것보다 광야에서 사는 것이 나으니라"(잠 21:19)

다섯째, 하나님께서 주신 재물을 있는 대로 쓰는 사람이 아니라 수입에 따른 균형있는 지출과 저축을 하며 하나님의 나라와 의를 위해 물질을 쓰는 사람입니다.

"지혜 있는 자의 집에는 귀한 보배와 기름이 있으나 미련한 자는 이것을 다 삼켜 버리느니라"(잠 21:20)

여섯째, "체다카"(의)와 "헤세드"(인애)를 계속해서 추구하며 사는 사람입니다.

"의와 인자를 따라 구하는 자는 생명과 공의와 영광을 얻느니라"(잠 21:21)

일곱째, 지혜로 세상 나라의 힘인 가치관을 무너뜨리고 공동체에게 유익을 주는 사람입니다.

"지혜로운 자는 용사의 성에 올라가서 그 성이 의지하는 방벽을 허느니라"(잠 21:22)

여덟째, 입술과 혀에 파숫군을 세우는 사람입니다.

"입과 혀를 지키는 자는 자기의 영혼을 환난에서 보전하느니라"(잠 21:23)

예수 그리스도의 공로(의)를 전가받은 하나님의 자녀는 건덕을 세우기 위하여 적정과 절도의 위치에서 살아가는 사람입니다.

그러므로 성삼위 하나님의 은혜로 적정과 절도의 위치에서 살아가며 하나님을 영화롭게 하는 우리 모두가 되기를 기도합니다.

잠언 21장 24~31절

> "거짓 증인은 패망하려니와 확실히 들은 사람의 말은 힘이 있느니라"(잠 21:28, 개역개정판)
>
> "거짓말하는 증인은 망할 것이다. 그러나 듣고 있는 사람은 영원히 말할 것이다"(잠 21:28, 원문직역)

잠언 21장 24~31절은 생명의 지식인 "호크마"(지혜)를 따라 살아가고 있는 하나님의 자녀들의 삶을 가르치고 있습니다.

생명의 지식인 "호크마"(지혜)를 따라 살아가는 하나님의 자녀는?

첫째, 자만과 교만으로 다른 사람을 비웃고 넘치는 자만으로 행동하는 사람이 아닙니다.

"무례하고 교만한 자를 이름하여 망령된 자라 하나니 이는 넘치는 교만으로 행함이니라"(잠 21:24)

둘째, 일하기를 싫어하고 게으른 자의 욕망으로 온종일 부요함을 욕망하며 살아가는 사람이 아닙니다.

"게으른 자의 욕망이 자기를 죽이나니 이는 자기의 손으로 일하기를 싫어함이라 어떤 자는 종일토록 탐하기만 하나"(잠 21:25~26상)

셋째, 부지런하고 검소하며 베풀기에 힘쓰는 사람입니다.

"의인은 아끼지 아니하고 베푸느니라"(잠 21:26하)

넷째, 회개와 믿음없이 악한 동기에서 제물드리는 사람이 아닙니다.
"악인의 제물은 본래 가증하거든 하물며 악한 뜻으로 드리는 것이랴"(잠 21:27)

다섯째, 거짓 교리를 버리고 하나님 말씀을 듣고 순종하며 힘 있게 말하는 사람입니다.
"거짓 증인은 패망하려니와 확실히 들은 사람의 말은 힘이 있느니라"(잠 21:28)

여섯째, 하나님의 말씀을 신앙과 삶의 규칙으로 여기고 사는 사람입니다.
"악인은 자기의 얼굴을 굳게 하나 정직한 자는 자기의 행위를 삼가느니라"(잠 21:29)

일곱째, 자신의 지혜가 아무것도 아니라는 것을 아는 사람입니다.
"지혜로도 못하고, 명철로도 못하고 모략으로도 여호와를 당하지 못하느니라"(잠 21:30)

여덟째, 싸울 수단을 예비하고 준비하지만 승리는 하나님에게만 있다는 것을 믿는 사람입니다.
"싸울 날을 위하여 마병을 예비하거니와 이김은 여호와께 있느니라"(잠 21:31)

예수 그리스도의 공로(의)를 전가받은 하나님의 자녀는 하나님의 말씀만을 신앙과 삶의 규칙으로 믿고 사는 사람입니다.

그러므로 성삼위 하나님의 은혜로 하나님 말씀에 순종하며 하나님을 영화롭게 하는 우리 모두가 되기를 기도합니다.

잠언 22장 1~8절

> "겸손과 여호와를 경외함의 보상은 재물과 영광과 생명이니라"(잠 22:4, 개역개정판)
>
> "겸손과 여호와를 경외함의 대가는 재물과 영광과 생명이다"(잠 22:4, 원문직역)

잠언 22장 1~8절은 생명의 지식인 "호크마"(지혜)를 따라 살아가고 있는 하나님의 자녀들의 삶을 가르치고 있습니다.

생명의 지식인 "호크마"(지혜)를 따라 살아가는 하나님의 자녀는?

첫째, 하나님께서 칭찬하시는 이름의 위치에서 은혜를 베푸는 사람입니다.

"많은 재물보다 명예를 택할 것이요 은이나 금보다 은총을 더욱 택할 것이니라"(잠 22:1)

둘째, 빈부의 차이없이 사람을 소중하게 여기는 사람입니다.

"가난한 자와 부한 자가 함께 살거니와 그 모두를 지으신 이는 여호와시니라"(잠 22:2)

셋째, 닥쳐 오는 재앙을 보고 은혜를 베푸시는 하나님의 이름 안으로 숨는 사람입니다.

"슬기로운 자는 재앙을 보면 숨어 피하여도 어리석은 자는 나가다가 해를 받느니

라"(잠 22:3)

하나님의 이름은 하나님의 성호와 속성과 사역과 말씀입니다.

넷째, 선하고 거룩한 위치에서 하나님을 두려워하고 하나님을 신뢰하며 겸손한 마음으로 하나님께 나아가 하나님 말씀을 듣고 순종하는 위치에서 사는 사람입니다.

"겸손과 여호와를 경외함의 보상은 재물과 영광과 생명이니라"(잠 22:4)

다섯째, 자신을 슬프고 비참하고 불행하게 만드는 죄의 가시와 자신을 함정에 빠뜨리는 죄의 올무를 따라가지 않고 성령님과 말씀을 따라 올곧은 길을 걸어가는 사람입니다.

"패역한 자의 길에는 가시와 올무가 있거니와 영혼을 지키는 자는 이를 멀리 하느니라"(잠 22:5)

여섯째, 인생 본분의 핵심 기준인 하나님 나라의 세계관과 가치관과 목표를 가르치고 훈련시키는 부모입니다.

"마땅히 행할 길을 아이에게 가르치라 그리하면 늙어도 그것을 떠나지 아니하리라"(잠 22:6)

일곱째, 불의한 청지기가 아닌 선한 청지기의 위치에서 사는 사람입니다.

"부자는 가난한 자를 주관하고 빚진 자는 채주의 종이 되느니라"(잠 22:7)

여덟째, 불의를 뿌리는 자가 아니라 복음의 의를 뿌리는 사람입니다.

"악을 뿌리는 자는 재앙을 거두리니 그 분노의 기세가 쇠하리라"(잠 22:8)

예수 그리스도의 공로를 전가 받은 하나님의 자녀는 기쁨과 감사의 눈물과 헌신과 섬김에 참여된 은총의 눈물로 의의 씨를 뿌리는 사람입니다.

> "눈물을 흘리며 씨를 뿌리는 자는 기쁨으로 거두리로다 울며 씨를 뿌리러 나가는 자는 정녕 기쁨으로 그 단을 가지고 돌아오리로다"(시 126:5~6)

> "나는 심었고 아볼로는 물을 주었으되 오직 하나님은 자라나게 하셨나니 그런즉 심는 이나 물 주는 이는 아무 것도 아니로되 오직 자라나게 하시는 하나님뿐이니라 심는 이와 물 주는 이가 일반이나 각각 자기의 일하는 대로 자기의 상을 받으리라"(고전 3:6~8)

그러므로 성삼위 하나님의 은혜로 복음의 씨를 뿌리며 하나님을 영화롭게 하는 우리 모두가 되기를 기도합니다.

잠언 22장 9~16절

> "선한 눈을 가진 자는 복을 받으리니 이는 양식을 가난한 자에게 줌이니라"(잠 22:9, 개역개정판)
>
> "눈이 선한 자는 복을 받을 것이다. 왜냐하면 그는 가난한 자들에게 그의 양식을 나누어 주기 때문이다"(잠 22:9, 원문직역)

잠언 22장 9~16절은 생명의 지식인 "호크마"(지혜)를 따라 살아가고 있는 하나님의 자녀들의 삶을 가르치고 있습니다.

생명의 지식인 "호크마"(지혜)를 따라 살아가는 하나님의 자녀는?

첫째, 가난한 자를 돌보는 선한 눈길을 가진 사람입니다.

"선한 눈을 가진 자는 복을 받으리니 이는 양식을 가난한 자에게 줌이니라"(잠 22:9)

둘째, 공동체의 화평을 위하여 거만한 자를 용납하지 않는 사람입니다.

"거만한 자를 쫓아내면 다툼이 쉬고 싸움과 수욕이 그치느니라"(잠 22:10)

셋째, 마음의 정결을 사모하고 입술에 은혜가 있는 사람입니다.

"마음의 정결을 사모하는 자의 입술에는 덕이 있으므로 임금이 그의 친구가 되느니라"(잠 22:11)

넷째, 배교자들의 거짓 교리를 거부하고 바른 지식을 소유한 사람입니다.

"여호와의 눈은 지식 있는 사람을 지키시나 사악한 사람의 말은 패하게 하시느니라"(잠 22:12)

다섯째, 헛된 상상을 하며 자신이 해야 할 일에 겁을 내고 하지 않는 사람이 아닙니다.

"게으른 자는 말하기를 사자가 밖에 있은즉 내가 나가면 거리에서 찢기겠다 하느니라"(잠 22:13)

여섯째, "피 자르트"(이방 여인의 입) 즉 율법의 낯선 여인인 "자라"의 유혹을 따라가지 않는 사람입니다.

"음녀의 입은 깊은 함정이라 여호와의 노를 당한 자는 거기 빠지리라"(잠 22:14)

일곱째, 주의 교양과 훈계로 양육하는 사람입니다.

"아이의 마음에는 미련한 것이 얽혔으나 징계하는 채찍이 이를 멀리 쫓아내리라"(잠 22:15)

여덟째, 가난한 자를 억압하고 부자에게 아부하는 사람이 아닙니다.

"이익을 얻으려고 가난한 자를 학대하는 자와 부자에게 주는 자는 가난하여질 뿐이니라"(잠 22:16)

성부 하나님의 부성적 사랑과 성자 하나님이신 예수 그리스도의 전가하시는 공로(의)와 성령 하나님의 능력과 작용가운데 사는 하나님의 자녀는 가난한 자를 비웃고 억압하고 학대하는 자가 아니라 돌보는 사람입니다.

그러므로 성삼위 하나님의 은혜로 가난한 자를 돌보며 하나님을 영화롭게 하는 우리 모두가 되기를 기도합니다.

잠언 22장 17~29절

> "노를 품는 자와 사귀지 말며 울분한 자와 동행하지 말지니"(잠 22:24, 개역개정판)
>
> "너는 화를 잘내는 사람과 사귀지 말라. 그리고 분노의 사람과 함께 가지 마라"(잠 22:24, 원문직역)

잠언 22장 17~29절은 생명의 지식인 "호크마"(지혜)를 따라 살아가고 있는 하나님의 자녀들의 삶을 가르치고 있습니다.

생명의 지식인 "호크마"(지혜)를 따라 살아가는 하나님의 자녀는?

첫째, 진리를 생각에 기록하고 마음 판에 새기고 다스림 받고 순종하며 증거하는 것을 즐거워하는 사람입니다.

"너는 귀를 기울여 지혜 있는 자의 말씀을 들으며 내 지식에 마음을 둘지어다 이것을 네 속에 보존하며 네 입술 위에 함께 있게 함이 아름다우니라"(잠 22:17~18)

둘째, 여호와를 의지하기 위하여 진리를 배우는 사람입니다.

"내가 네게 여호와를 의뢰하게 하려 하여 이것을 오늘 특별히 네게 알게 하였노니"(잠 22:19)

셋째, 진리의 말씀을 깨닫고 지체들과 진리의 말씀으로 화답하며 유익을 끼치는 사람입니다.

"내가 모략과 지식의 아름다운 것을 너를 위해 기록하여 네가 진리의 확실한 말씀

을 깨닫게 하며 또 너를 보내는 자에게 진리의 말씀으로 회답하게 하려 함이 아니냐"(잠 22:20~21)

넷째, 가난한 자를 가난하다고 학대하지 않고 법정에서 곤고한 자를 공의롭지 못하게 재판하는 사람이 아닙니다.

"약한 자를 그가 약하다고 탈취하지 말며 곤고한 자를 성문에서 압제하지 말라 대저 여호와께서 신원하여 주시고 또 그를 노략하는 자의 생명을 빼앗으시리라"(잠 22:22~23)

다섯째, 화를 잘내는 사람을 친구로 사귀지 않고 분노하는 사람과 동행하지 않는 사람입니다.

"노를 품는 자와 사귀지 말며 울분한 자와 동행하지 말지니 그의 행위를 본받아 네 영혼을 올무에 빠뜨릴까 두려움이니라"(잠 22:24~25)

여섯째, 보증을 경솔하게 서지 않는 사람입니다.

"너는 사람과 더불어 손을 잡지 말며 남의 빚에 보증을 서지 말라 만일 갚을 것이 네게 없으면 네 누운 침상도 빼앗길 것이라 네가 어찌 그리하겠느냐"(잠 22:26~27)

일곱째, 이웃의 소유와 권리를 침해하지 않는 사람입니다.

"네 선조가 세운 옛 지계석을 옮기지 말지니라"(잠 22:28)

여덟째, 자신에게 주어진 일에 지혜와 성실로 감당하는 사람입니다.

"네가 자기의 일에 능숙한 사람을 보았느냐 이러한 사람은 왕 앞에 설 것이요 천한 자 앞에 서지 아니하리라"(잠 22:29)

예수 그리스도의 공로(의)를 전가받은 하나님의 자녀는 진리로 인하여 기뻐하고 즐거워하는 사람입니다.

그러므로 성삼위 하나님의 은혜로 진리 안에서 기뻐하며 하나님을 영화롭게 하는 우리 모두가 되기를 기도합니다.

잠언 23장 1~14절

> "미련한 자의 귀에 말하지 말지니 이는 그가 네 지혜로운 말을 업신여길 것임이니라"(잠 23:9, 개역개정판)
>
> "너는 미련한 자의 귀에 말하지 마라. 왜냐하면 그가 지혜(분별력, 식견)있는 네 말들을 멸시할 것이기 때문이다"(잠 23:9, 원문직역)

잠언 23장 1~14절은 생명의 지식인 "호크마"(지혜)를 따라 살아가고 있는 하나님의 자녀들의 삶을 가르치고 있습니다.

생명의 지식인 "호크마"(지혜)를 따라 살아가는 하나님의 자녀는?

첫째, 권력자의 계산된 속이는 음식 앞에 식욕을 억제하는 사람입니다.

"네가 관원과 함께 앉아 음식을 먹게 되거든 삼가 네 앞에 있는 자가 누구인지를 생각하며 네가 만일 음식을 탐하는 자이거든 네 목에 칼을 둘 것이니라 그의 맛있는 음식을 탐하지 말라 그것은 속이는 음식이니라"(잠 23:1~3)

둘째, 부자 되는 것을 인생의 최고의 목표로 삼기 위해 자신의 지혜를 쓰지 않는 사람입니다.

"부자 되기에 애쓰지 말고 네 사사로운 지혜를 버릴지어다 네가 어찌 허무한 것에 주목하겠느냐 정녕히 재물은 스스로 날개를 내어 하늘을 나는 독수리처럼 날아가리라"(잠 23:4~5)

"부하려 하는 자들은 시험과 올무와 여러 가지 어리석고 해로운 욕심에 떨어지나니 곧 사람으로 파멸과 멸망에 빠지게 하는 것이라 돈을 사랑함이 일만 악의 뿌리가 되나니 이것을 탐내는 자들은 미혹을 받아 믿음에서 떠나 많은 근심으로써 자기를 찔렀도다"(잠 6:9~10)

셋째, 인색하고 진실하지 못한 자의 음식을 먹지 않는 사람입니다.

"악한 눈이 있는 자의 음식을 먹지 말며 그의 맛있는 음식을 탐하지 말지어다 대저 그 마음의 생각이 어떠하면 그 위인도 그러한즉 그가 네게 먹고 마시라 할지라도 그의 마음은 너와 함께 하지 아니함이라 네가 조금 먹은 것도 토하겠고 네 아름다운 말도 헛된 데로 돌아가리라"(잠 23:6~8)

넷째, 미련한 자의 귀에 지혜로운 말들을 하지 않는 사람입니다.

"미련한 자의 귀에 말하지 말지니 이는 그가 네 지혜로운 말을 업신여길 것임이니라"(잠 23:9)

"거룩한 것을 개에게 주지 말며 너희 진주를 돼지 앞에 던지지 말라 그들이 그것을 발로 밟고 돌이켜 너희를 찢어 상하게 할까 염려하라"(마 7:6)

다섯째, 연약한 자들의 재산과 권리를 침해하지 않는 사람입니다.

"옛 지계석을 옮기지 말며 고아들의 밭을 침범하지 말지어다 대저 그들의 구속자는 강하시니 그가 너를 대적하여 그들의 원한을 풀어 주시리라"(잠 23:10~11)

여섯째, 훈계의 말씀을 마음에 간직하고 지식의 말씀에 귀를 기울이는 사람입니다.

"훈계에 착심하며 지식의 말씀에 귀를 기울이라"(잠 23:12)

일곱째, 주의 교양과 훈계로 양육하는 자녀가 순종하지 않을 때 적정과 절도로 징계하는 사람입니다.

"아이를 훈계하지 아니하려고 하지 말라 채찍으로 그를 때릴지라도 그가 죽지 아니하리라 네가 그를 채찍으로 때리면 그의 영혼을 스올에서 구원하리라"(잠 23:13~14)

예수 그리스도의 공로(의)를 전가 받은 그리스도인의 위치는 하나님 말씀에 순종하는 위치입니다.

> "곧 하나님 아버지의 미리 아심을 따라 성령의 거룩하게 하심으로 순종함과 예수 그리스도의 피 뿌림을 얻기 위하여 택하심을 입은 자들에게 편지하노니 은혜와 평강이 너희에게 더욱 많을지어다"(벧전 1:2)

거듭난 그리스도인의 자유의지는 하나님의 뜻에 대하여 뜻을 다하여 순종하는 의지입니다.

그러므로 성삼위 하나님의 은혜로 기쁨과 즐거움으로 하나님 말씀에 순종하며 하나님을 영화롭게 하는 우리 모두가 되기를 기도합니다.

잠언 23장 15~35절

> "진리를 사되 팔지는 말며 지혜와 훈계와 명철도 그리 할지니라"(잠 23:23, 개역개정판)
>
> "너는 진리를 사라. 그리고 너는 그것을 팔지 마라. 지혜와 훈계와 명철(이해력, 총명)도 그리하라"(잠 23:23, 원문직역)

잠언 23장 15~35절까지의 말씀도 생명의 지식인 "호크마"(지혜)를 따라 살아가고 있는 하나님의 자녀들의 삶을 가르치고 있습니다.

생명의 지식인 "호크마"(지혜)를 따라 살아가는 하나님의 자녀는?

첫째, 마음이 지혜롭고 입술이 바른 것을 말하는 사람입니다.

"내 아들아 만일 네 마음이 지혜로우면 나 곧 내 마음이 즐겁겠고 만일 네 입술이 정직을 말하면 내 속이 유쾌하리라"(잠 23:15~16)

둘째, 죄인의 형통을 부러워하지 않고 여호와를 경외하는 사람입니다.

"네 마음으로 죄인의 형통을 부러워하지 말고 항상 여호와를 경외하라 정녕히 네 장래가 있겠고 네 소망이 끊어지지 아니하리라"(잠 23:17~18)

셋째, 술과 고기를 탐하지 않고 지혜를 따라 살아가는 사람입니다.

"내 아들아 너는 듣고 지혜를 얻어 네 마음을 바른 길로 인도할지니라 술을 즐겨 하는 자들과 고기를 탐하는 자들과도 더불어 사귀지 말라 술 취하고 음식을 탐하는 자는 가난하여질 것이요 잠 자기를 즐겨 하는 자는 해어진 옷을 입을 것임이니

라"(잠 23:19~21)

넷째, 부모를 공경하며 하나님을 경외하는 부모가 전해준 생명의 지식인 진리와 지혜를 파수하며 사는 사람입니다.

"너를 낳은 아비에게 청종하고 네 늙은 어미를 경히 여기지 말지니라 진리를 사되 팔지는 말며 지혜와 훈계와 명철도 그리할지니라 의인의 아비는 크게 즐거울 것이요 지혜로운 자식을 낳은 자는 그로 말미암아 즐거울 것이니라 네 부모를 즐겁게 하며 너를 낳은 어미를 기쁘게 하라"(잠 23:22~25)

다섯째, 은혜언약의 은총 안에서 살아가며 영혼 사냥꾼인 음녀에게 미혹되지 않고 따라가지 않는 사람입니다.

"내 아들아 네 마음을 내게 주며 네 눈으로 내 길을 즐거워할지어다 대저 음녀는 깊은 구덩이요 이방 여인은 좁은 함정이라 참으로 그는 강도 같이 매복하며 사람들 중에 사악한 자가 많아지게 하느니라"(잠 23:26~28)

여섯째, 경건한 삶을 파괴하는 술을 탐하지 않는 사람입니다.

"재앙이 뉘게 있느뇨 근심이 뉘게 있느뇨 분쟁이 뉘게 있느뇨 원망이 뉘게 있느뇨 까닭 없는 상처가 뉘게 있느뇨 붉은 눈이 뉘게 있느뇨 술에 잠긴 자에게 있고 혼합한 술을 구하러 다니는 자에게 있느니라 포도주는 붉고 잔에서 번쩍이며 순하게 내려가나니 너는 그것을 보지도 말지어다"(잠 23:29~31)

예수 그리스도의 공로(의)를 전가받은 하나님의 자녀는 세상을 표상하는 술의 다스림을 받는 사람이 아니라 성령님의 다스림을 받는 사람입니다.

"술 취하지 말라 이는 방탕한 것이니 오직 성령으로 충만함을 받으라"(엡 5:18)

그러므로 성삼위 하나님의 은혜로 성령 충만을 받고 하나님을 영화롭게 하는 우리 모두가 되기를 기도합니다.

잠언 24장 1~9절

> "집은 지혜로 말미암아 건축되고 명철로 말미암아 견고하게 되며"(잠 24:3, 개역개정판)
>
> "지혜로 집은 지어진다. 그리고 명철(슬기, 총명)로 견고해진다"(잠 24:3, 원문직역)

잠언 24장 1~9절은 생명의 지식인 "호크마"(지혜)를 따라 살아가고 있는 하나님의 자녀들의 삶을 가르치고 있습니다.

생명의 지식인 "호크마"(지혜)를 따라 살아가는 하나님의 자녀는?

첫째, 악인의 형통을 부러워하지 않고 그들과 함께 있는 것도 원하지 않는 사람입니다.

"너는 악인의 형통함을 부러워하지 말며 그와 함께 있으려고 하지도 말지어다 그들의 마음은 강포를 품고 그들의 입술은 재앙을 말함이니라"(잠 24:1~2)

둘째, 신앙의 집을 지혜의 말씀으로 세우고 명철의 말씀으로 견고하게 만들며 지식의 말씀으로 가득채우는 은총을 받는 사람입니다.

"집은 지혜로 말미암아 건축되고 명철로 말미암아 견고하게 되며 또 방들은 지식으로 말미암아 각종 귀하고 아름다운 보배로 채우게 되느니라"(잠 24:3~4)

셋째, 하나님을 경외하는 지혜와 지식이 있는 사람입니다.

"지혜 있는 자는 강하고 지식 있는 자는 힘을 더하나니"(잠 24:5)

넷째, 성령님과 말씀을 따라 지혜로운 계획을 세우고 지혜로운 자들의 조언을 겸손하게 받는 사람입니다.

"너는 전략으로 싸우라 승리는 지략이 많음에 있느니라"(잠 24:6)

다섯째, 어리석음으로 지혜를 깨닫지 못하는 사람이 아니라 지혜로 진리와 비진리를 판단하는 사람입니다.

"지혜는 너무 높아서 미련한 자가 미치지 못할 것이므로 그는 성문에서 입을 열지 못하느니라"(잠 24:7)

여섯째, 악을 행하기 위하여 생각하는 악한 계획의 음모자가 아닙니다.

"악행하기를 꾀하는 자를 일컬어 사악한 자라 하느니라"(잠 24:8)

일곱째, 죄짓는 것만을 생각하는 우둔한 자가 아닙니다.

"미련한 자의 생각은 죄요"(잠 24:9상)

여덟째, 사람들을 모욕하고 조롱하는 역겨운 사람이 아닙니다.

"거만한 자는 사람에게 미움을 받느니라"(잠 24:9하)

예수 그리스도의 공로(의)를 전가받은 하나님의 자녀는 수직적으로 하나님을 사랑하고 수평적으로 사람을 사랑하는 사람입니다.

그러므로 성삼위 하나님의 은혜로 하나님을 사랑하고 사람을 사랑하며 하나님을 영화롭게 하는 우리 모두가 되기를 기도합니다.

잠언 24장 10~20절

> "내 아들아 꿀을 먹으라 이것이 좋으니라 송이꿀을 먹으라 이것이 네 입에 다니라"(잠 24:13, 개역개정판)
>
> "내 아들아 너는 꿀을 먹으라. 왜냐하면 그것이 좋기 때문이다. 그리고 순수한 꿀은 네 입맛에 달콤하기 때문이다"(잠 24:13, 원문직역)

잠언 24장 10~20절은 생명의 지식인 "호크마"(지혜)를 따라 살아가고 있는 하나님의 자녀들의 삶을 가르치고 있습니다.

생명의 지식인 "호크마"(지혜)를 따라 살아가는 하나님의 자녀는?

첫째, 하나님께서 허락하시는 환난 날에도 낙심하지 않고 하나님만 "바타흐"(의지)하는 사람입니다.

"네가 만일 환난 날에 낙담하면 네 힘이 미약함을 보임이니라"(잠 24:10)

둘째, 사회적 부조리 가운데 고통 당하는 사회적 약자들을 돌보는 사람입니다.

"너는 사망으로 끌려가는 자를 건져 주며 살륙을 당하게 된 자를 구원하지 아니하려고 하지 말라 네가 말하기를 나는 그것을 알지 못하였노라 할지라도 마음을 저울질 하시는 이가 어찌 통찰하지 못하시겠으며 네 영혼을 지키시는 이가 어찌 알지 못하시겠느냐 그가 각 사람의 행위대로 보응하시리라"(잠 24:11~12)

셋째, 하나님께서 예수님 안에서 성령님을 통하여 선물(은혜)로 주시는 생명의 지식인 "호크마"(지혜)를 생각에 기록하고 마음판에 새기고 다스림 받고 순종하는 사람입니다.

> "내 아들아 꿀을 먹으라 이것이 좋으니라 송이꿀을 먹으라 이것이 네 입에 다니라 지혜가 네 영혼에게 이와 같은 줄을 알라 이것을 얻으면 정녕히 네 장래가 있겠고 네 소망이 끊어지지 아니하리라"(잠 24:13~14)

넷째, 더불어 함께 지어져가는 의인들을 섬기며 의인의 길을 걸어가는 사람입니다.

> "악한 자여 의인의 집을 엿보지 말며 그가 쉬는 처소를 헐지 말지니라 대저 의인은 일곱 번 넘어질지라도 다시 일어나려니와 악인은 재앙으로 말미암아 엎드러지느니라"(잠 24:15~16)

다섯째, 사적인 원수가 쓰러지고 넘어지고 있을 때에 마음으로 즐거워하지 않는 사람입니다.

> "네 원수가 넘어질 때에 즐거워하지 말며 그가 엎드러질 때에 마음에 기뻐하지 말라 여호와께서 이것을 보시고 기뻐하지 아니하사 그의 진노를 그에게서 옮기실까 두려우니라"(잠 24:17~18)

여섯째, 악인의 형통을 부러워하지 않는 사람입니다.

> "너는 행악자들로 말미암아 분을 품지 말며 악인의 형통함을 부러워하지 말라 대저 행악자는 장래가 없겠고 악인의 등불은 꺼지리라"(잠 24:20)

예수 그리스도의 공로(의)를 전가 받은 하나님의 자녀는 생명의 지식인 "호크마"(지혜)를 따라 살아가는 사람입니다.

그러므로 성삼위 하나님의 은혜로 "호크마"를 따라 살아가며 하나님을 영화롭게 하는 우리 모두가 되기를 기도합니다.

잠언 24장 21~34절

"내 아들아 여호와와 왕을 경외하고 반역자와 더불어 사귀지 말라"(잠 24:21, 개역개정판)

"내 아들아 너는 여호와와 왕을 경외하라. 너는 (변덕스럽게) 바꾸고 있는 자들과 사귀지 마라"(잠 24:21, 원문직역)

잠언 24장 21~34절은 생명의 지식인 "호크마"(지혜)를 따라 살아가고 있는 하나님의 자녀들의 삶을 가르치고 있습니다.

생명의 지식인 "호크마"(지혜)를 따라 살아가는 하나님의 자녀는?

첫째, 하나님을 경외하고 하나님께서 세우신 권위를 존중하고 변덕스럽게 생각을 바꾸는 자들과 사귀지 않는 사람입니다.

"내 아들아 여호와와 왕을 경외하고 반역자와 더불어 사귀지 말라 대저 그들의 재앙은 속히 임하리니 그 둘의 멸망을 누가 알랴"(잠 24:21~22)

둘째, 판단과 재판을 공정하게 행하는 사람입니다.

"이것도 지혜로운 자들의 말씀이라 재판에 낯을 보아 주는 것이 옳지 못하니라 악인에게 네가 옳다 하는 자는 백성에게 저주를 받을 것이요 국민에게 미움을 받으려니와 오직 그를 견책하는 자는 기쁨을 얻을 것이요 또 좋은 복을 받으리라 적당한 말로 대답함은 입맞춤과 같으니라"(잠 24:23~26)

셋째, 모든 일에 합당한 계획과 바른 질서를 세우며 행하는 사람입니다.

"네 일을 밖에서 다스리며 너를 위하여 밭에서 준비하고 그 후에 네 집을 세울지니라"(잠 24:27)

넷째, 거짓된 증언을 하지 않는 사람입니다.

"너는 까닭 없이 네 이웃을 쳐서 증인이 되지 말며 네 입술로 속이지 말지니라"(잠 24:28)

다섯째, 보복하지 않는 사람입니다.

"너는 그가 내게 행함 같이 나도 그에게 행하여 그가 행한 대로 그 사람에게 갚겠다 말하지 말지니라"(잠 24:29)

여섯째, 육체적으로 게으르고 영적으로 게으른 사람이 아닙니다.

"내가 게으른 자의 밭과 지혜 없는 자의 포도원을 지나며 본즉 가시덤불이 그 전부에 퍼졌으며 그 지면이 거친 풀로 덮였고 돌담이 무너져 있기로 내가 보고 생각이 깊었고 내가 보고 훈계를 받았노라 네가 좀더 자자, 좀더 졸자, 손을 모으고 좀더 누워 있자 하니 네 빈궁이 강도 같이 오며 네 곤핍이 군사 같이 이르리라"(잠 24:30~34)

예수 그리스도의 공로(의)를 전가받은 하나님의 자녀는 자신의 영혼의 포도원과 밭을 잘 가꾸는 사람입니다.

"예수 그리스도로 말미암아 의의 열매가 가득하여 하나님의 영광과 찬송이 되게 하시기를 구하노라"(빌 1:11)

그러므로 성삼위 하나님의 은혜로 자신 영혼의 포도원과 밭을 부지런히 가꾸어 열매를 맺으며 하나님을 영화롭게 하는 우리 모두가 되기를 기도합니다.

잠언 25장 1~12절

> "슬기로운 자의 책망은 청종하는 귀에 금 고리와 정금 장식이니라"(잠 25:12, 개역개정판)
>
> "듣고 있는 귀에 지혜로운 자의 책망은 금 귀걸이와 금 장식이다"(잠 25:12, 원문직역)

잠언 25장 1~12절은 생명의 지식인 "호크마"(지혜)를 따라 살아가고 있는 하나님의 자녀들의 삶을 가르치고 있습니다.

생명의 지식인 "호크마"(지혜)를 따라 살아가는 하나님의 자녀는?

첫째, 은밀하게 다스리시고 운행하시는 하나님을 경외하는 사람입니다.
"일을 숨기는 것은 하나님의 영화요 "(잠 25:1상)
"감추어진 일은 우리 하나님 여호와께 속하였거니와"(잠 29:29상)

둘째, 하나님 말씀을 깨닫고 하나님 말씀대로 살아가는 사람입니다.
"일을 살피는 것은 왕의 영화니라 하늘의 높음과 땅의 깊음 같이 왕의 마음은 헤아릴 수 없느니라"(잠 25:2하~3)
"나타난 일은 영원히 우리와 우리 자손에게 속하였나니 이는 우리에게 이 율법의 모든 말씀을 행하게 하심이니라"(신 29:29하)

셋째, 악을 제거하고 의를 세우는 사람입니다.
"은에서 찌꺼기를 제하라 그리하면 장색의 쓸 만한 그릇이 나올 것이요 왕 앞에서 악한 자를 제하라 그리하면 그의 왕위가 의로 말미암아 견고히 서리라"(잠

25:4~5)

넷째, 자신을 자랑하지 않고 겸손한 위치에서 살아가는 사람입니다.

"왕 앞에서 스스로 높은 체하지 말며 대인들의 자리에 서지 말라 이는 사람이 네게 이리로 올라오라고 말하는 것이 네 눈에 보이는 귀인 앞에서 저리로 내려가라고 말하는 것보다 나음이니라"(잠 25:6~7)

다섯째, 성급하게 소송하지 않고 이웃과 원만한 해결을 하며 이웃의 은밀한 일을 누설하지 않는 사람입니다.

"너는 서둘러 나가서 다투지 말라 마침내 네가 이웃에게서 욕을 보게 될 때에 네가 어찌할 줄을 알지 못할까 두려우니라 너는 이웃과 다투거든 변론만 하고 남의 은밀한 일은 누설하지 말라 듣는 자가 너를 꾸짖을 터이요 또 네게 대한 악평이 네게서 떠나지 아니할까 두려우니라"(잠 25:8~10)

여섯째, 때와 경우에 합당한 말을 하는 사람입니다.

"경우에 합당한 말은 아로새긴 은 쟁반에 금 사과니라"(잠 25:11)

일곱째, 순종하고 있는 귀에 현명하게 책망하는 사람입니다.

"슬기로운 자의 책망은 청종하는 귀에 금 고리와 정금 장식이니라"(잠 25:12)

예수 그리스도의 공로(의)를 전가받은 하나님의 자녀는 성령님의 은혜로 하나님 말씀을 올바로 깨닫고 기쁨과 즐거움으로 하나님 말씀에 순종하는 사람입니다.

그러므로 성삼위 하나님의 은혜로 하나님 말씀에 순종하며 하나님을 영화롭게 하는 우리 모두가 되기를 기도합니다.

잠언 25장 13~19절

> "오래 참으면 관원도 설득할 수 있나니 부드러운 혀는 뼈를 꺾느니라"(잠 25:15, 개역개정판)
>
> "오래참음으로 통치자가 설득당한다. 그리고 부드러운 혀는 뼈를 부순다"(잠 25:15, 원문직역)

잠언 25장 13~19절은 생명의 지식인 "호크마"(지혜)를 따라 살아가고 있는 하나님의 자녀들의 삶을 가르치고 있습니다.

생명의 지식인 "호크마"(지혜)를 따라 살아가는 하나님의 자녀는?

첫째, 자신에게 주어진 사명을 신실하게 감당하는 사람입니다.
 "충성된 사자는 그를 보낸 이에게 마치 추수하는 날에 얼음 냉수 같아서 능히 그 주인의 마음을 시원하게 하느니라"(잠 25:13)

둘째, 거짓된 선물로 자신을 자랑하지 않는 사람입니다.
 "선물한다고 거짓 자랑하는 자는 비 없는 구름과 바람 같으니라"(잠 25:14)

셋째, 분노를 참고 인내력있는 설득과 부드러운 혀를 가진 사람입니다.
 "오래 참으면 관원도 설득할 수 있나니 부드러운 혀는 뼈를 꺾느니라"(잠 25:15)

넷째, 인생에서 얻어지는 세상의 즐거움을 누리지만 절제하는 사람입니다.

"너는 꿀을 보거든 족하리만큼 먹으라 과식함으로 토할까 두려우니라"(잠 25:16)

다섯째, 적정과 절도로 이웃집을 방문하는 사람입니다.
"너는 이웃집에 자주 다니지 말라 그가 너를 싫어하며 미워할까 두려우니라"(잠 25:17)

여섯째, 자기 이웃에 대하여 거짓 증거로 대답하지 않는 사람입니다.
"자기의 이웃을 쳐서 거짓 증거하는 사람은 방망이요 칼이요 뾰족한 화살이니라"(잠 25:18)

일곱째, 환난 날에 진실하지 못한 사람을 의지하지 않는 사람입니다.
"환난 날에 진실하지 못한 자를 의뢰하는 것은 부러진 이와 위골된 발 같으니라"(잠 25:19)

예수 그리스도의 공로(의)를 전가받은 하나님의 자녀는 하나님만 "바타흐"(의지)하는 사람입니다.

"형제들아 우리가 아시아에서 당한 환난을 너희가 알지 못하기를 원치 아니하노니 힘에 지나도록 심한 고생을 받아 살 소망까지 끊어지고 우리 마음에 사형 선고를 받은 줄 알았으니 이는 우리로 자기를 의뢰하지 말고 오직 죽은 자를 다시 살리시는 하나님만 의뢰하게 하심이라 그가 이같이 큰 사망에서 우리를 건지셨고 또 건지시리라 또한 이후에라도 건지시기를 그를 의지하여 바라노라"(고후 1:8~10)

그러므로 성삼위 하나님의 은혜로 하나님만 "바타흐"(의지)하며 하나님을 영화롭게 하는 우리 모두가 되기를 기도합니다.

잠언 25장 20~28절

"의인이 악인 앞에 굴복하는 것은 우물이 흐려짐과 샘이 더러워짐과 같으니라"(잠 25:26, 개역개정판)

"의인이 악인 앞에서 흔들리고 있는 것은 샘이 흐려지고 있는 것과 우물이 더러워지고 있는 것과 같다"(잠 25:26, 원문직역)

잠언 25장 20~28절은 생명의 지식인 "호크마"(지혜)를 따라 살아가고 있는 하나님의 자녀들의 삶을 가르치고 있습니다.

생명의 지식인 "호크마"(지혜)를 따라 살아가는 하나님의 자녀는?

첫째, 슬픔에 처해있는 자들을 위로하는 때와 경우에 맞게 행동하는 사람입니다.

"마음이 상한 자에게 노래하는 것은 추운 날에 옷을 벗음 같고 소다 위에 식초를 부음 같으니라"(잠 25:20)

"즐거워하는 자들과 함께 즐거워하고 우는 자들과 함께 울라"(롬 12:15)

둘째, 원수앞에서도 사랑의 질서를 따라 사는 사람입니다.

"네 원수가 배고파하거든 음식을 먹이고 목말라하거든 물을 마시게 하라 그리 하는 것은 핀 숯을 그의 머리에 놓는 것과 일반이요 여호와께서 네게 갚아 주시리라"(잠 25:21~22)

"내 사랑하는 자들아 너희가 친히 원수를 갚지 말고 하나님의 진노하심에 맡기라 기록되었으되 원수 갚는 것이 내게 있으니 내가 갚으리라고 주께서 말씀하시니라 네 원수가 주리거든 먹이고 목마르거든 마시게 하라 그리함으로 네가 숯불을 그 머리에 쌓아 놓으리라 악에게 지지 말고 선으로 악을 이기라"(롬 12:19~21)

셋째, 은밀하게 다른 사람을 헐뜯는 말을 하는 사람의 얼굴 앞에서 분노하는 사람입니다.

"북풍이 비를 일으킴 같이 참소하는 혀는 사람의 얼굴에 분을 일으키느니라"(잠 25:23)

넷째, 서로 다투지 않고 화목한 가정을 세우는 사람입니다.

"다투는 여인과 함께 큰 집에서 사는 것보다 움막에서 혼자 사는 것이 나으니라"(잠 25:24)

다섯째, 하나님 나라의 기쁜 소식인 복음을 전하며 복음의 은총을 사모하는 사람입니다.

"먼 땅에서 오는 좋은 기별은 목마른 사람에게 냉수와 같으니라"(잠 25:25)

여섯째, 악인에게 흔들리지 않으며 비진리와 타협하거나 굴복하지 않는 사람입니다.

"의인이 악인 앞에 굴복하는 것은 우물이 흐려짐과 샘이 더러워짐과 같으니라"(잠 25:26)

일곱째, 감각적 즐거움과 자신의 영광을 스스로 추구하지 않는 사람입니다.

"꿀을 많이 먹는 것이 좋지 못하고 자기의 영예를 구하는 것이 헛되니라"(잠 25:27)

여덟째, 자신의 마음을 성령님과 말씀을 따라 지키는 사람입니다.

"자기의 마음을 제어하지 아니하는 자는 성읍이 무너지고 성벽이 없는 것과 같으니라"(잠 25:28)

예수 그리스도의 공로(의)를 전가받은 하나님의 자녀는 성령님과 말씀을 따라 사는 사람입니다.

"너는 그리스도 예수 안에 있는 믿음과 사랑으로써 내게 들은 바 바른 말을 본받아 지키고 우리 안에 거하시는 성령으로 말미암아 네게 부탁한 아름다운 것을 지키라"(딤후 1:13~14)

그러므로 성삼위 하나님의 은혜로 성령님과 말씀을 따라 살아가며 하나님을 영화롭게 하는 우리 모두가 되기를 기도합니다.

잠언 26장 1~9절

> "미련한 자에게는 영예가 적당하지 아니하니 마치 여름에 눈 오는 것과 추수 때에 비 오는 것 같으니라"(잠 26:1, 개역개정판)
>
> "여름에 눈처럼 그리고 추수 때의 비처럼 그렇게 미련한 자에게는 영광이 어울리지 않는다"(잠 26:1, 원문직역)

"케실"(미련, 우둔)에 속한 자는 자신의 죄를 깨닫고도 회개치 않고 죄를 범하는 사람입니다.

잠언 26장에는 미련한 자와 게으른 자와 다투는 자와 외선자에 대한 말씀이 기록되어 있습니다.

잠언 26장 1~9절까지의 말씀도 생명의 지식인 "호크마"(지혜)를 따라 살아가고 있는 하나님의 자녀들의 삶을 가르치고 있습니다.

생명의 지식인 "호크마"(지혜)를 따라 살아가는 하나님의 자녀는?

첫째, 자신에게 주어진 직분과 사명을 착하고 충성스럽게 감당하는 사람입니다.

"미련한 자에게는 영예가 적당하지 아니하니 마치 여름에 눈 오는 것과 추수 때에 비 오는 것 같으니라"(잠 26:1)
"미련한 자 편에 기별하는 것은 자기의 발을 베어 버림과 해를 받음과 같으니

라"(잠 26:6)
"미련한 자에게 영예를 주는 것은 돌을 물매에 매는 것과 같으니라"(잠 26:8)

둘째, 예수님의 공로(의)로 저주에서 해방 된 사람입니다.
"까닭 없는 저주는 참새가 떠도는 것과 제비가 날아가는 것 같이 이루어지지 아니하느니라"(잠 26:2)

셋째, 하나님의 뜻에 대하여 뜻을 다하여 순종하는 사람입니다.
"말에게는 채찍이요 나귀에게는 재갈이요 미련한 자의 등에는 막대기니라"(잠 26:3)

넷째, 미련한 자들이 진리에 대한 호기심과 조롱을 목적으로 말을 할 때 침묵하는 사람입니다.
"미련한 자의 어리석은 것을 따라 대답하지 말라 두렵건대 너도 그와 같을까 하노라"(잠 26:4)

다섯째, 미련한 자들이 진리에 대한 무지와 무식함으로 말을 할 때 입을 여는 사람입니다.
"미련한 자에게는 그의 어리석음을 따라 대답하라 두렵건대 그가 스스로 지혜롭게 여길까 하노라"(잠 26:5)

여섯째, 말과 행위가 일치하지 않는 미련한 자의 거짓된 교리를 조심하고 따라가지 않는 사람입니다.
"저는 자의 다리는 힘 없이 달렸나니 미련한 자의 입의 잠언도 그러하니라"(잠 26:7)
"미련한 자의 입의 잠언은 술 취한 자가 손에 든 가시나무 같으니라"(잠 26:9)

예수 그리스도의 공로(의)를 전가받은 하나님의 자녀는 바른 교리를 따라 살아가는 착하고 충성된 종입니다.

"그 주인이 이르되 잘하였도다 착하고 충성된 종아 네가 적은 일에 충성하였으매 내가 많은 것을 네게 맡기리니 네 주인의 즐거움에 참여할지어다 하고"(마 25:21)

그러므로 성삼위 하나님의 은혜로 착하고 충성된 위치에서 살아가며 하나님을 영화롭게 하는 우리 모두가 되기를 기도합니다.

잠언 26장 10~17절

> "개가 그 토한 것을 도로 먹는 것 같이 미련한 자는 그 미련한 것을 거듭 행하느니라"(잠 26:11, 개역개정판)
>
> "개가 그 토한 것으로 돌아가고 있는 것처럼 미련한 자는 그의 어리석음을 반복하고 있다"(잠 26:11, 원문직역)

잠언 26장에는 미련한 자와 게으른 자와 다투는 자와 위선자에 대한 말씀이 기록되어 있습니다.

잠언 26장 10~17절까지의 말씀도 생명의 지식인 "호크마"(지혜)를 따라 살아가고 있는 하나님의 자녀들의 삶을 가르치고 있습니다.

생명의 지식인 "호크마"(지혜)를 따라 살아가는 하나님의 자녀는?

첫째, 공동체의 유익을 생각하며 일꾼의 자격과 실행능력을 신중하게 판단하며 세우는 사람입니다.

"장인이 온갖 것을 만들지라도 미련한 자를 고용하는 것은 지나가는 행인을 고용함과 같으니라"(잠 26:10)

둘째, 하나님 은혜로 죄를 깨닫고 회개하고 성령님과 말씀을 따라 사는 사람입니다.

"개가 그 토한 것을 도로 먹는 것 같이 미련한 자는 그 미련한 것을 거듭 행하느니라"(잠 26:11)

"의의 도를 안 후에 받은 거룩한 명령을 저버리는 것보다 알지 못하는 것이 도리어 그들에게 나으니라 참된 속담에 이르기를 개가 그 토하였던 것에 돌아가고 돼지가 씻었다가 더러운 구덩이에 도로 누웠다 하는 말이 그들에게 응하였도다"(벧후 2:21~22)

셋째, 스스로 지혜롭게 여기며 높아지지 않는 사람입니다.

"네가 스스로 지혜롭게 여기는 자를 보느냐 그보다 미련한 자에게 오히려 희망이 있느니라"(잠 26:12)

넷째, 헛된 상상의 두려움으로 자신이 해야 할 일을 하지 않는 사람이 아닙니다.

"게으른 자는 길에 사자가 있다 거리에 사자가 있다 하느니라"(잠 26:13)

지혜로운 사람은 성령님의 능력과 작용으로 환경적 어려움을 극복하는 사람입니다.

다섯째, 안일함과 일락(향락)을 사랑하는 사람이 아닙니다.

"문짝이 돌쩌귀를 따라서 도는 것 같이 게으른 자는 침상에서 도느니라"(잠 26:14)
"향락을 좋아하는 자는 살았으나 죽었느니라"(딤전 5:6)

여섯째, 자신에게 주어진 복(은총)도 누리지 않기 위하여 수고하지 않는 사람이 아닙니다.

"게으른 자는 그 손을 그릇에 넣고도 입으로 올리기를 괴로워하느니라"(잠 26:15)

일곱째, 스스로 누구보다 지혜롭게 여기지 않는 사람입니다.

"게으른 자는 사리에 맞게 대답하는 사람 일곱보다 자기를 지혜롭게 여기느니

라"(잠 26:16)

여덟째, 남의 일에 간섭하지 않고 남들의 다툼에 가담하지 않고 자신이 해야 할 일을 조용히 하는 사람입니다.

"길로 지나가다가 자기와 상관 없는 다툼을 간섭하는 자는 개의 귀를 잡는 자와 같으니라"(잠 26:17)

"각각 자기의 일을 살피라 그리하면 자랑할 것이 자기에게는 있어도 남에게는 있지 아니하리니 각각 자기의 짐을 질 것이라"(갈 6:4~5)

예수 그리스도의 공로(의)를 전가받은 하나님의 자녀는 겸손한 위치에서 성령님과 말씀을 따라 가는 사람입니다.

그러므로 성삼위 하나님의 은혜로 겸손한 위치에서 성령님과 말씀을 따라 살아가며 하나님을 영화롭게 하는 우리 모두가 되기를 기도합니다.

잠언 26장 18~28절

> "함정을 파는 자는 그것에 빠질 것이요 돌을 굴리는 자는 도리어 그것에 치이리라"(잠 26:27, 개역개정판)
>
> "함정을 파고 있는 자는 그속에 자신이 빠질 것이다. 그리고 돌을 굴리고 있는 자는 그것이 자기에게 돌아올 것이다"(잠 26:27, 원문직역)

잠언 26장에는 미련한 자와 게으른 자와 다투는 자와 위선자에 대한 말씀이 기록되어 있습니다.

잠언 26장 18~28절까지의 말씀도 생명의 지식인 "호크마"(지혜)를 따라 살아가고 있는 하나님의 자녀들의 삶을 가르치고 있습니다.

생명의 지식인 "호크마"(지혜)를 따라 살아가는 하나님의 자녀는?

첫째, 다른 사람을 해치기 위하여 장난같은 행동으로 위장하고 속이는 미친 사람이 아닙니다.

> "횃불을 던지며 화살을 쏘아서 사람을 죽이는 미친 사람이 있나니 자기의 이웃을 속이고 말하기를 내가 희롱하였노라 하는 자도 그러하니라"(잠 26:18~19)

둘째, "라간"(불평, 험담, 중상)으로 다툼을 일으키는 사람이 아닙니다.

> "나무가 다하면 불이 꺼지고 말쟁이가 없어지면 다툼이 쉬느니라"(잠 26:20)

셋째, 필요없는 논쟁으로 다툼에 불을 지피는 사람이 아닙니다.

"숯불 위에 숯을 더하는 것과 타는 불에 나무를 더하는 것 같이 다툼을 좋아하는 자는 시비를 일으키느니라"(잠 26:21)

넷째, 게걸스럽게 먹는 요리와 같은 "라간"(불평, 험담, 중상)하는 말을 좋아하지 않는 사람입니다.

"남의 말 하기를 좋아하는 자의 말은 별식과 같아서 뱃속 깊은 데로 내려가느니라"(잠 26:22)

다섯째, 마음의 악함을 "돌르킴"(불타오르는)의 입술로 꾸며대는 사람이 아닙니다.

"온유한 입술에 악한 마음은 낮은 은을 입힌 토기니라"(잠 26:23)

여섯째, 미워하는 자의 외식하는 속이는 말에 속지 않는 사람입니다.

"원수는 입술로는 꾸미고 속으로는 속임을 품나니 그 말이 좋을지라도 믿지 말 것은 그 마음에 일곱 가지 가증한 것이 있음이니라 속임으로 그 미움을 감출지라도 그의 악이 회중 앞에 드러나리라"(잠 26:24~26)

일곱째, 남을 해치기 위하여 함정을 파고 있거나 돌을 굴리기 위하여 준비하고 있는 자가 아닙니다.

"함정을 파는 자는 그것에 빠질 것이요 돌을 굴리는 자는 도리어 그것에 치이리라"(잠 26:27)

여덟째, 거짓말하는 혀와 아부하는 입을 가진 사람이 아닙니다.

"거짓말 하는 자는 자기가 해한 자를 미워하고 아첨하는 입은 패망을 일으키느니라"(잠 26:28)

예수 그리스도의 공로(의)를 전가받은 하나님의 자녀는 하나님을 사랑하고 이웃을 자기 몸처럼 사랑하는 사람입니다.

> "예수께서 이르시되 네 마음을 다하고 목숨을 다하고 뜻을 다하여 주 너의 하나님을 사랑하라 하셨으니 이것이 크고 첫째 되는 계명이요 둘째도 그와 같으니 네 이웃을 네 자신 같이 사랑하라 하셨으니 이 두 계명이 온 율법과 선지자의 강령이니라"(마 22:37~40)

그러므로 성삼위 하나님의 은혜로 인격적인 뜻을 다하여 하나님을 사랑하고 이웃을 내 몸처럼 사랑하며 하나님을 영화롭게 하는 우리 모두가 되기를 기도합니다.

잠언 27장 1~8절

> "배부른 자는 꿀이라도 싫어하고 주린 자에게는 쓴 것이라도 다니라"(잠 27:7, 개역개정판)
>
> "배부른 사람은 꿀집도 밟아버린다. 그러나 배고픈 사람에게는 모든 쓴 것이라도 달다"(잠 27:7, 원문직역)

잠언 27장 1~8절은 생명의 지식인 "호크마"(지혜)를 따라 살아가고 있는 하나님의 자녀들의 삶을 가르치고 있습니다.

생명의 지식인 "호크마"(지혜)를 따라 살아가는 하나님의 자녀는?

첫째, 하루 하루를 충실하게 살아가며 내일 일을 자랑하지 않는 사람입니다.

"너는 내일 일을 자랑하지 말라 하루 동안에 무슨 일이 일어날는지 네가 알 수 없음이니라"(잠 27:1)

둘째, 자신 스스로 자랑하지 않는 사람입니다.

"타인이 너를 칭찬하게 하고 네 입으로는 하지 말며 외인이 너를 칭찬하게 하고 네 입술로는 하지 말지니라"(잠 27:2)

셋째, 혈기와 분노를 성령님과 말씀을 따라 다스리는 사람입니다.

"돌은 무겁고 모래도 가볍지 아니하거니와 미련한 자의 분노는 이 둘보다 무거우니라 분은 잔인하고 노는 창수 같거니와"(잠 27:3~4상)

넷째, 분노보다 더 무거운 시기를 날마다 십자가에 못박는 사람입니다.
"투기 앞에야 누가 서리요"(잠 27:4하)

다섯째, 친구의 우정어린 책망을 달게 받는 사람입니다.
"면책은 숨은 사랑보다 나으니라 친구의 아픈 책망은 충직으로 말미암는 것이나 원수의 잦은 입맞춤은 거짓에서 난 것이니라"(잠 27:5~6)

여섯째, 교만치 않고 겸손한 위치에서 살아가는 사람입니다.
"배부른 자는 꿀이라도 싫어하고 주린 자에게는 쓴 것이라도 다니라"(잠 27:7)

일곱째, 자신이 마땅히 머물러야 하는 처소와 신분을 망각하고 방황하는 사람이 아닙니다.
"고향을 떠나 유리하는 사람은 보금자리를 떠나 떠도는 새와 같으니라"(잠 27:8)

예수 그리스도의 공로(의)를 전가받은 하나님의 자녀는 하나님의 나라와 하나님 나라의 핵심인 예수 그리스도의 몸 된 교회의 지체의 위치에서 완성을 향하여 전진하는 사람입니다.

그러므로 성삼위 하나님의 은혜로 성도의 바른 위치에서 살아가며 하나님을 영화롭게 하는 우리 모두가 되기를 기도합니다.

잠언 27장 9~17절

> "철이 철을 날카롭게 하는 것 같이 사람이 그의 친구의 얼굴을 빛나게 하느니라"(잠 27:17, 개역개정판)
>
> "철은 철을 날카롭게 한다. 그렇게 사람도 자기 친구의 얼굴을 날카롭게 한다"(잠 27:17, 원문직역)

잠언 27장 9~17절은 생명의 지식인 "호크마"(지혜)를 따라 살아가고 있는 하나님의 자녀들의 삶을 가르치고 있습니다.

생명의 지식인 "호크마"(지혜)를 따라 살아가는 하나님의 자녀는?

첫째, 성령님과 말씀을 따라 충고하는 친구의 진실한 충고를 소중하게 여기는 사람입니다.

"기름과 향이 사람의 마음을 즐겁게 하나니 친구의 충성된 권고가 이와 같이 아름다우니라"(잠 27:9)

둘째, 더불어 함께 지어져가는 지체들을 소중히 여기는 사람입니다.

"네 친구와 네 아비의 친구를 버리지 말며 네 환난 날에 형제의 집에 들어가지 말지어다 가까운 이웃이 먼 형제보다 나으니라"(잠 27:10)

셋째, 지혜로운 사람이 되어 부모를 기쁘게 하는 사람입니다.

"내 아들아 지혜를 얻고 내 마음을 기쁘게 하라 그리하면 나를 비방하는 자에게 내가 대답할 수 있으리라"(잠 27:11)

넷째, 하나님께서 깨닫게 하시는 재앙의 경고를 보고 재앙을 피하는 사람입니다.

"슬기로운 자는 재앙을 보면 숨어 피하여도 어리석은 자들은 나가다가 해를 받느니라"(잠 27:12)

다섯째, 보증을 신중하게 다루는 사람입니다.

"타인을 위하여 보증 선 자의 옷을 취하라 외인들을 위하여 보증 선 자는 그의 몸을 볼모 잡을지니라"(잠 27:13)

여섯째, 이웃을 지나치게 칭찬하는 사람이 아닙니다.

"이른 아침에 큰 소리로 자기 이웃을 축복하면 도리어 저주 같이 여기게 되리라"(잠 27:14)

일곱째, 다투기를 좋아하는 사람이 아닙니다.

"다투는 여자는 비 오는 날에 이어 떨어지는 물방울이라 그를 제어하기가 바람을 제어하는 것 같고 오른손으로 기름을 움키는 것 같으니라"(잠 27:15~16)

여덟째, 지체들과 서로 진리의 교제를 하는 사람입니다.

"철이 철을 날카롭게 하는 것 같이 사람이 그의 친구의 얼굴을 빛나게 하느니라"(잠 27:17)

예수 그리스도의 공로(의)를 전가받은 하나님의 자녀는 지체들과 더불어 함께 지어져가는 사람들입니다.

그러므로 성삼위 하나님의 은혜로 지체들과 더불어 함께 지어져가며 하나님을 영화롭게 하는 우리 모두가 되기를 기도합니다.

잠언 27장 18~27절

> "무화과나무를 지키는 자는 그 과실을 먹고 자기 주인에게 시중드는 자는 영화를 얻느니라"(잠 27:18, 개역개정판)
>
> "무화과 나무를 돌보고 있는 자는 그 열매를 먹을 것이다. 그리고 그의 주인을 지키고 있는 자는 존경을 받을 것이다"(잠 27:18, 원문직역)

잠언 27장 18~27절은 생명의 지식인 "호크마"(지혜)를 따라 살아가고 있는 하나님의 자녀들의 삶을 가르치고 있습니다.

생명의 지식인 "호크마"(지혜)를 따라 살아가는 하나님의 자녀는?

첫째, 하나님께서 주신 사명을 충실하게 감당하는 사람입니다.

"무화과나무를 지키는 자는 그 과실을 먹고 자기 주인에게 시중드는 자는 영화를 얻느니라"(잠 27:18)

둘째, 다른 사람의 죄악을 보고 자신의 죄악을 깨닫고 회개하는 사람입니다.

"물에 비치면 얼굴이 서로 같은 것 같이 사람의 마음도 서로 비치느니라"(잠 27:19)

셋째, 육체의 소욕을 날마다 십자가에 못박고 성령님과 말씀을 따라 사는 사람입니다.

"스올과 아바돈은 만족함이 없고 사람의 눈도 만족함이 없느니라"(잠 27:20)

넷째, 칭찬으로 교만한 사람이 되지 않고 더욱 더 겸손한 사람이 되는 사람입니다.

"도가니로 은을, 풀무로 금을, 칭찬으로 사람을 단련하느니라"(잠 27:21)

다섯째, 자식이 미련한 자가 되도록 양육하지 않고 자신도 미련한 자가 되지 않도록 경건의 훈련을 성실하게 하는 사람입니다.

"미련한 자를 곡물과 함께 절구에 넣고 공이로 찧을지라도 그의 미련은 벗겨지지 아니하느니라"(잠 27:22)

여섯째, 부귀와 영화를 의지하지 않고 하나님께서 자신에게 주신 직업에 성실한 사람입니다.

"네 양 떼의 형편을 부지런히 살피며 네 소 떼에게 마음을 두라 대저 재물은 영원히 있지 못하나니 면류관이 어찌 대대에 있으랴 풀을 벤 후에는 새로 움이 돋나니 산에서 꼴을 거둘 것이니라 어린 양의 털은 네 옷이 되며 염소는 밭을 사는 값이 되며 염소의 젖은 넉넉하여 너와 네 집의 음식이 되며 네 여종의 먹을 것이 되느니라"(잠 27:23~27)

예수 그리스도의 공로(의)를 전가받은 하나님의 자녀는 하나님 앞에서 착하고 충성된 종의 위치에서 사는 사람입니다.

"그 주인이 이르되 잘하였도다 착하고 충성된 종아 네가 적은 일에 충성하였으매 내가 많은 것을 네게 맡기리니 네 주인의 즐거움에 참여할지어다 하고"(마 25:21)

그러므로 성삼위 하나님의 은혜로 착하고 충성된 종의 위치에서 살아가며 하나님을 영화롭게 하는 우리 모두가 되기를 기도합니다.

잠언 28장 1~7절

> "율법을 버린 자는 악인을 칭찬하나 율법을 지키는 자는 악인을 대적하느니라"(잠 28:4, 개역개정판)
>
> "율법을 버리고 있는 자들은 악인을 찬양한다. 그러나 율법을 지키고 있는 자들은 그들과 싸운다"(잠 28:4, 원문직역)

잠언 28장에는 의인과 악인의 속성과 삶에 대하여 반의적 병행법으로 기록되어 있습니다.

하나님 아버지의 부성적 사랑과 성령 하나님의 은혜로 예수 그리스도의 공로(의)를 전가받고 생명의 지식인 "호크마"(지혜)를 따라 살아가는 하나님의 자녀는?

첫째, 하나님의 존전(법정) 앞에서 양심을 저버리지 않고 하나님만을 의지하고 믿음으로 사는 사람입니다.

"악인은 쫓아오는 자가 없어도 도망하나 의인은 사자 같이 담대하니라"(잠 28:1)

둘째, 하나님께서 주신 직분을 소중히 여기며 명철과 지식으로 사는 사람입니다.

"나라는 죄가 있으면 주관자가 많아져도 명철과 지식 있는 사람으로 말미암아 장구하게 되느니라"(잠 28:2)

셋째, 약한 자를 "아솨크"(압제, 억압) 하고 있는 빈곤한 자가 아닙니다.

"가난한 자를 학대하는 가난한 자는 곡식을 남기지 아니하는 폭우 같으니라"(잠 28:3)

넷째, 율법을 버리고 있는 자가 아니라 율법을 지키고 있는 사람입니다.

"율법을 버린 자는 악인을 칭찬하나 율법을 지키는 자는 악인을 대적하느니라"(잠 28:4)

다섯째, 악인의 길을 걸어가지 않고 선하고 거룩한 위치에서 하나님을 두려워하며 하나님의 뜻을 찾고 하나님께서 기뻐하시는 삶을 살아가고 있는 사람입니다.

"악인은 정의를 깨닫지 못하나 여호와를 찾는 자는 모든 것을 깨닫느니라"(잠 28:5)

여섯째, "톰"(온전)의 위치인 교리적 성결과 도덕적 성결로 살아가고 있는 사람입니다.

"가난하여도 성실하게 행하는 자는 부유하면서 굽게 행하는 자보다 나으니라"(잠 28:6)

일곱째, 방탕한 자와 사귀고 있지 않으며 율법을 지키고 있는 지혜로운 사람입니다.

"율법을 지키는 자는 지혜로운 아들이요 음식을 탐하는 자와 사귀는 자는 아비를 욕되게 하는 자니라"(잠 28:7)

예수 그리스도의 공로(의)를 전가받은 하나님의 자녀는 하나님 말씀에 순종하는 위치입니다.

"나의 복음과 예수 그리스도를 전파함은 영세 전부터 감추어졌다가 이제는 나타내신 바 되었으며 영원하신 하나님의 명을 따라 선지자들의 글로 말미암아 모든 민족이 믿어 순종하게 하시려고 알게 하신 바 그 신비의 계시를 따라 된 것이니 이 복음으로 너희를 능히 견고하게 하실 지혜로우신 하나님께 예수 그리스도로 말미암아 영광이 세세무궁하도록 있을지어다 아멘"(롬 16:25~27)

그러므로 성삼위 하나님의 은혜로 하나님 말씀에 순종하며 하나님을 영화롭게 하는 우리 모두가 되기를 기도합니다.

잠언 28장 8~14절

> "자기의 죄를 숨기는 자는 형통하지 못하나 죄를 자복하고 버리는 자는 불쌍히 여김을 받으리라"(잠 28:13, 개역개정판)
>
> "자기의 범죄들을 숨기고 있는 자는 반드시 번영하지 못할 것이다. 그러나 자백을 하고 끊어버리고 있는 자는 궁휼히 여김을 받을 것이다"(잠 28:13, 원문직역)

잠언 28장에는 의인과 악인의 속성과 삶에 대하여 반의적 병행법으로 기록되어 있습니다.

하나님 아버지의 부성적 사랑과 성령 하나님의 은혜로 예수 그리스도의 공로(의)를 전가받고 생명의 지식인 "호크마"(지혜)를 따라 살아가는 하나님의 자녀는?

첫째, 부정한 방법으로 재물을 모으는 자가 아니라 가난한 자들에게 은혜를 베풀기 위하여 재물을 모으는 사람입니다.

> "중한 변리로 자기 재산을 늘이는 것은 가난한 사람을 불쌍히 여기는 자를 위해 그 재산을 저축하는 것이니라"(잠 28:8)

가난한 자들에게 은혜를 베풀기 위해 재물을 모은다는 제유법은 하나님의 나라와 의를 위해 재물을 모은다는 것을 포괄하는 말씀입니다.

둘째, 고의적으로 하나님 말씀을 거부하지 않고 하나님 말씀에 순종하며 기도하는 사람입니다.

"사람이 귀를 돌려 율법을 듣지 아니하면 그의 기도도 가증하니라"(잠 28:9)

셋째, 하나님의 돌보심 가운데 악인들의 유혹에 빠지지 않고 성령님과 말씀의 다스림 가운데 사는 사람입니다.

"정직한 자를 악한 길로 유인하는 자는 스스로 자기 함정에 빠져도 성실한 자는 복을 받느니라"(잠 28:10)

넷째, 경건치 못한 부유한 자들의 어리석은 지혜를 따라 살지 않고 경건한 지혜로 살아가는 사람입니다.

"부자는 자기를 지혜롭게 여기나 가난해도 명철한 자는 자기를 살펴 아느니라"(잠 28:11)

다섯째, 의인의 삶을 살며 의인들이 득세하기를 기도하는 사람입니다.

"의인이 득의하면 큰 영화가 있고 악인이 일어나면 사람이 숨느니라"(잠 28:12)

여섯째, 생명 얻는 회개의 은총 가운데 사는 사람입니다.

"자기의 죄를 숨기는 자는 형통하지 못하나 죄를 자복하고 버리는 자는 불쌍히 여김을 받으리라"(잠 28:13)

일곱째, 자신의 마음을 완고하게 하지 않고 항상 죄 짓는 것을 두려워하는 복 된 사람입니다.

"항상 경외하는 자는 복되거니와 마음을 완악하게 하는 자는 재앙에 빠지리라"(잠 28:14)

예수 그리스도의 공로(의)를 전가받은 하나님의 자녀는 단회적 회개의 은총 가운데에서 반복적 회개의 은총의 삶을 살아가는 사람입니다.

> "내 이름으로 일컫는 내 백성이 그들의 악한 길에서 떠나 스스로 낮추고 기도하여 내 얼굴을 찾으면 내가 하늘에서 듣고 그들의 죄를 사하고 그들의 땅을 고칠지라"(대하 7:14)

그러므로 성삼위 하나님께서 은혜로 베푸시는 회개의 은총 가운데 살아가며 하나님을 영화롭게 하는 우리 모두가 되기를 기도합니다.

잠언 28장 15~21절

> "자기의 토지를 경작하는 자는 먹을 것이 많으려니와 방탕을 따르는 자는 궁핍함이 많으리라"(잠 28:19, 개역개정판)
>
> "자기의 땅을 경작하고 있는 자는 양식으로 만족할 것이다. 그러나 헛된 것을 추구하고 있는 자는 빈곤으로 배부를 것이다"(잠 28:19, 원문직역)

잠언 28장은 의인과 악인의 속성과 삶에 대하여 반의적 병행법으로 기록하고 있습니다.

하나님 아버지의 부성적 사랑과 성령 하나님의 은혜로 예수 그리스도의 공로(의)를 전가받고 생명의 지식인 "호크마"(지혜)를 따라 살아가는 하나님의 자녀는?

첫째, 가난한 사람을 압제하는 사람이 아니라 가난한 사람을 긍휼로 돌보는 사람입니다.

"가난한 백성을 압제하는 악한 관원은 부르짖는 사자와 주린 곰 같으니라"(잠 28:15)

둘째, 억압과 착취를 일삼지 않고 불의한 이익을 미워하는 사람입니다.

"무지한 치리자는 포학을 크게 행하거니와 탐욕을 미워하는 자는 장수하리라"(잠 28:16)

셋째, 하나님의 형상대로 창조함을 입은 사람들의 생명을 소중하게 여기는 사람입니다.

"사람의 피를 흘린 자는 함정으로 달려갈 것이니 그를 막지 말지니라"(잠 28:17)

넷째, 왜곡되고 구브러진 길을 걸어가지 않고 교리적 성결과 도덕적 성결의 삶을 사는 사람입니다.

"성실하게 행하는 자는 구원을 받을 것이나 굽은 길로 행하는 자는 곧 넘어지리라"(잠 28:18)

다섯째, 헛된 것을 추구하지 않고 하나님께서 주신 직업과 사업에 땀을 흘리며 수고하는 사람입니다.

"자기의 토지를 경작하는 자는 먹을 것이 많으려니와 방탕을 따르는 자는 궁핍함이 많으리라"(잠 28:19)

여섯째, 부자가 되려고 급히 서두르지 않고 "에메트"(진리)를 따라 사는 사람입니다.

"충성된 자는 복이 많아도 속히 부하고자 하는 자는 형벌을 면하지 못하리라"(잠 28:20)

일곱째, 사람을 외모로 판단하지 않고 공정한 판단을 하는 사람입니다.

"사람의 낯을 보아 주는 것이 좋지 못하고 한 조각 떡으로 말미암아 사람이 범법하는 것도 그러하니라"(잠 28:21)

예수 그리스도의 공로(의)를 전가받은 하나님 자녀는 "홀레크 타밈"(온전하게 걷고 있는 자)이 걸어가고 있는 교리적 성결과 도덕적 성결의 길을 동일하게 걸어가고 있는 사람입니다.

"성실하게 행하는 자는 구원을 받을 것이나 굽은 길로 행하는 자는 곧 넘어지리라"(잠 28:18)

그러므로 성삼위 하나님의 은혜로 교리적 성결과 도적적 성결의 삶을 살아가며 하나님을 영화롭게 하는 우리 모두가 되기를 기도합니다.

잠언 28장 22~28절

> "자기의 마음을 믿는 자는 미련한 자요 지혜롭게 행하는 자는 구원을 얻을 자니라"(잠 28:26, 개역개정판)
>
> "자기의 마음을 믿고 있는 자는 미련한 자이다. 그러나 지혜로 걷고 있는 자는 구출함을 받을 것이다"(잠 28:26, 원문직역)

잠언 28장은 의인과 악인의 속성과 삶에 대하여 반의적 병행법으로 기록하고 있습니다.

하나님 아버지의 부성적 사랑과 성령 하나님의 은혜로 예수 그리스도의 공로(의)를 전가받고 생명의 지식인 "호크마"(지혜)를 따라 살아가는 하나님의 자녀는?

첫째, 불의하고 악한 눈으로 재물을 모으려고 서두르는 사람이 아닙니다.
 "악한 눈이 있는 자는 재물을 얻기에만 급하고 빈궁이 자기에게 임할 줄은 알지 못하느니라"(잠 28:22)

둘째, 겸손과 온유로 다른 사람의 잘못을 지적하는 사람입니다.
 "사람을 경책하는 자는 혀로 아첨하는 자보다 나중에 더욱 사랑을 받느니라"(잠 28:23)

셋째, 부모를 공경하며 부모의 재산을 소중하게 여기는 사람입니다.

"부모의 물건을 도둑질하고서도 죄가 아니라 하는 자는 멸망 받게 하는 자의 동류 니라"(잠 28:24)

넷째, "레하브 네페쉬"(오만과 거만의 인격)를 따라 살지 않고 여호와만을 의 지하고 사는 사람입니다.

"욕심이 많은 자는 다툼을 일으키나 여호와를 의지하는 자는 풍족하게 되느니 라"(잠 28:25)

다섯째, 생명의 지식인 "호크마"(지혜)를 따라 사는 사람입니다.

"자기의 마음을 믿는 자는 미련한 자요 지혜롭게 행하는 자는 구원을 얻을 자니 라"(잠 28:26)

여섯째, 가난한 사람에게 베푸는 사람입니다.

"가난한 자를 구제하는 자는 궁핍하지 아니하려니와 못 본 체하는 자에게는 저주 가 크리라"(잠 28:27)

일곱째, 하나님께서 은혜를 베푸셔서 위정자들이 선한 정치를 할 수 있도 록 기도하는 사람입니다.

"악인이 일어나면 사람이 숨고 그가 멸망하면 의인이 많아지느니라"(잠 28:28)

예수 그리스도의 공로(의)를 전가받은 하나님의 자녀는 하나님만 "바타 흐"(의지)하는 사람입니다.

"오만(거만)한 사람은 다툼을 일으킨다. 그러나 여호와를 의지하고 있는 자는 기름 질 것이다"(잠 28:25, 원문직역)

그러므로 성삼위 하나님의 은혜로 하나님만 의지하며 하나님을 영화롭게 하는 우리 모두가 되기를 기도합니다.

잠언 29장 1~7절

> "지혜를 사모하는 자는 아비를 즐겁게 하여도 창기와 사귀는 자는 재물을 잃느니라"(잠 29:3, 개역개정판)
>
> "지혜를 사랑하고 있는 자는 그의 아버지를 기쁘게 한다. 그러나 창녀들과 사귀고 있는 자는 그의 재산을 탕진한다"(잠 29:3, 원문직역)

잠언 29장은 의인과 악인의 속성과 삶에 대하여 관계적 병행법과 반의적 병행법으로 기록하고 있습니다.

하나님 아버지의 부성적 사랑과 성령 하나님의 은혜로 예수 그리스도의 공로(의)를 전가받고 생명의 지식인 "호크마"(지혜)를 따라 살아가는 하나님의 자녀는?

첫째, 교만과 불순종의 위치가 아닌 생명 얻는 회개의 은총 가운데 사는 사람입니다.

"자주 책망을 받으면서도 목이 곧은 사람은 갑자기 패망을 당하고 피하지 못하리라"(잠 29:1)

둘째, 의인이 권세를 잡기 위해 기도하는 사람입니다.

"의인이 많아지면 백성이 즐거워하고 악인이 권세를 잡으면 백성이 탄식하느니라"(잠 29:2)

셋째, 자신의 몸을 악하고 음란한 정욕에 내어주지 않고 생명의 지식인 "호크마"를 따라 사는 사람입니다.

"지혜를 사모하는 자는 아비를 즐겁게 하여도 창기와 사귀는 자는 재물을 잃느니라"(잠 29:3)

넷째, 뇌물을 탐하지 않고 공의를 행하는 사람입니다.

"왕은 정의로 나라를 견고하게 하나 뇌물을 억지로 내게 하는 자는 나라를 멸망시키느니라"(잠 29:4)

다섯째, 이웃에게 아첨해서 교만의 그물에 걸려 넘어지게 하는 자가 아닙니다.

"이웃에게 아첨하는 것은 그의 발 앞에 그물을 치는 것이니라"(잠 29:5)

여섯째, 자기의 죄악으로 스스로 올무에 걸리는 사람이 아니라 성령님의 은혜로 의를 행하며 하나님으로 인하여 기뻐하고 즐거워하는 사람입니다.

"악인이 범죄하는 것은 스스로 올무가 되게 하는 것이나 의인은 노래하고 기뻐하느니라"(잠 29:6)

일곱째, 가난한 사람의 사정을 생각하고 보살피는 사람입니다.

"의인은 가난한 자의 사정을 알아 주나 악인은 알아 줄 지식이 없느니라"(잠 29:7)

예수 그리스도의 공로(의)를 전가받은 하나님의 자녀는 거룩의 위치에서 살아가는 사람입니다.

그러므로 성삼위 하나님의 은혜로 거룩의 위치에서 살아가며 하나님을 영화롭게 하는 우리 모두가 되기를 기도합니다.

잠언 29장 8~14절

> "거만한 자는 성읍을 요란하게 하여도 슬기로운 자는 노를 그치게 하느니라"(잠 29:8, 개역개정판)
>
> "거만한 사람들은 성읍에 불을 붙여 놓는다. 그러나 지혜로운 사람들은 노를 돌아서게 한다"(잠 29:8, 원문직역)

잠언 29장은 의인과 악인의 속성과 삶에 대하여 관계적 병행법과 반의적 병행법으로 기록하고 있습니다.

하나님 아버지의 부성적 사랑과 성령 하나님의 은혜로 예수 그리스도의 공로(의)를 전가받고 생명의 지식인 "호크마"(지혜)를 따라 살아가는 하나님의 자녀는?

첫째, 바른 교리로 하나님의 진노에서 떠나게 하는 사람입니다.
 "거만한 자는 성읍을 요란하게 하여도 슬기로운 자는 노를 그치게 하느니라"(잠 29:8)

둘째, 어리석은 자와 변론 하는 사람이 아닙니다.
 "지혜로운 자와 미련한 자가 다투면 지혜로운 자가 노하든지 웃든지 그 다툼은 그침이 없느니라"(잠 29:9)

셋째, 온전한 사람을 사랑하고 온전한 사람의 목숨을 돌보는 사람입니다.
 "피 흘리기를 좋아하는 자는 온전한 자를 미워하고 정직한 자의 생명을 찾느니라"(잠 29:10)

넷째, 자신의 마음을 감정과 진노로부터 잘 다스리는 신중한 사람입니다.

"어리석은 자는 자기의 노를 다 드러내어도 지혜로운 자는 그것을 억제하느니라"(잠 29:11)

다섯째, 거짓 정보에 귀 기울이지 않는 사람입니다.

"관원이 거짓말을 들으면 그의 하인들은 다 악하게 되느니라"(잠 29:12)

여섯째, 하나님께서 주시는 일반 은총의 빛을 소중히 여기는 사람입니다.

"가난한 자와 포학한 자가 섞여 살거니와 여호와께서는 그 모두의 눈에 빛을 주시느니라"(잠 29:13)

하나님께서 모든 사람에게 차별없이 주시는 본성의 빛은 이성의 빛과 양심의 빛과 종교씨앗의 빛입니다.

일곱째, 가난한 사람들을 진리로 판단하고 보호하는 사람입니다.

"왕이 가난한 자를 성실히 신원하면 그의 왕위가 영원히 견고하리라"(잠 29:14)

예수 그리스도의 공로(의)를 전가받은 하나님 자녀의 위치는 진리를 따라 사는 위치입니다.

그러므로 성삼위 하나님의 은혜로 진리가운데 살아가며 하나님을 영화롭게 하는 우리 모두가 되기를 기도합니다.

잠언 29장 15~21절

> "묵시가 없으면 백성이 방자히 행하거니와 율법을 지키는 자는 복이 있느니라"(잠 29:18, 개역개정판)
>
> "계시가 없을 때 백성은 제멋대로 된다. 그러나 율법을 지키고 있는 자는 복된 자이다"(잠 29:18, 원문직역)

잠언 29장은 의인과 악인의 속성과 삶에 대하여 관계적 병행법과 반의적 병행법으로 기록하고 있습니다.

하나님 아버지의 부성적 사랑과 성령 하나님의 은혜로 예수 그리스도의 공로(의)를 전가받고 생명의 지식인 "호크마"(지혜)를 따라 살아가는 하나님의 자녀는?

첫째, 자기 생각대로 사는 자녀를 버려두지 않고 막대기와 책망으로 지혜를 가르치는 사람입니다.

"채찍과 꾸지람이 지혜를 주거늘 임의로 행하게 버려 둔 자식은 어미를 욕되게 하느니라"(잠 29:15)

둘째, 범죄자가 많아지고 위반이 많아져도 의인들의 삶을 사는 사람입니다.

"악인이 많아지면 죄도 많아지나니 의인은 그들의 망함을 보리라"(잠 29:16)

셋째, 자식을 버려두지 않고 주의 교양과 훈계로 훈련시키는 사람입니다.

"네 자식을 징계하라 그리하면 그가 너를 평안하게 하겠고 또 네 마음에 기쁨을 주리라"(잠 29:17)

넷째, 기록된 계시인 하나님 말씀을 소중히 여기며 하나님 말씀에 순종하는 사람입니다.

"묵시가 없으면 백성이 방자히 행하거니와 율법을 지키는 자는 복이 있느니라"(잠 29:18)

다섯째, 종을 지나치게 방임하지 않고 규율과 감시의 체제 아래 두는 사람입니다.

"종은 말로만 하면 고치지 아니하나니 이는 그가 알고도 따르지 아니함이니라"(잠 29:19)

여섯째, 성령님과 말씀을 따라 하나님의 재가를 받고 말하는 사람입니다.

"네가 말이 조급한 사람을 보느냐 그보다 미련한 자에게 오히려 희망이 있느니라"(잠 29:20)

일곱째, 종에 대하여 적절한 대우를 하는 사람입니다.

"종을 어렸을 때부터 곱게 양육하면 그가 나중에는 자식인 체하리라"(잠 29:21)

예수 그리스도의 공로(의)를 전가받은 하나님의 자녀는 기록된 계시의 말씀인 하나님 말씀을 드러내는 은혜의 도구들을 소중히 여기며 하나님 말씀에 순종하는 사람입니다.

그러므로 성삼위 하나님의 은혜로 하나님 말씀에 순종하며 하나님을 영화롭게 하는 우리 모두가 되기를 기도합니다.

잠언 29장 22~27절

> "사람을 두려워하면 올무에 걸리게 되거니와 여호와를 의지하는 자는 안전하리라"(잠 29:25, 개역개정판)
>
> "사람을 두려워하면 덫에 걸린다. 그러나 여호와를 의지하고 있는 자는 안전할 것이다"(잠 29:25, 원문직역)

잠언 29장은 의인과 악인의 속성과 삶에 대하여 관계적 병행법과 반의적 병행법으로 기록하고 있습니다.

하나님 아버지의 부성적 사랑과 성령 하나님의 은혜로 예수 그리스도의 공로(의)를 전가받고 생명의 지식인 "호크마"(지혜)를 따라 살아가는 하나님의 자녀는?

첫째, 혈기와 분노를 날마다 십자가에 못박는 사람입니다.
 "노하는 자는 다툼을 일으키고 성내는 자는 범죄함이 많으니라"(잠 29:22)

둘째, 교만의 위치에서 살지 않고 겸손의 위치에서 사는 사람입니다.
 "사람이 교만하면 낮아지게 되겠고 마음이 겸손하면 영예를 얻으리라"(잠 29:23)

셋째, 도적과 함께 멍에를 메고 있는 사람이 아닙니다.
 "도둑과 짝하는 자는 자기의 영혼을 미워하는 자라 그는 저주를 들어도 진술하지 아니하느니라"(잠 29:24)

도적과 함께 멍에를 메고 있는 자는 스스로 자기 영혼을 미워하고 있는 자입니다.

넷째, 두려움이란 노예의지를 따라 살지 않고 하나님만 "바타흐"(의지)하고 사는 사람입니다.

> "사람을 두려워하면 올무에 걸리게 되거니와 여호와를 의지하는 자는 안전하리라"(잠 29:25)

다섯째, 하나님의 주권적인 다스림을 신뢰하며 사는 사람입니다.

> "주권자에게 은혜를 구하는 자가 많으나 사람의 일의 작정은 여호와께로 말미암느니라"(잠 29:26)

여섯째, "차디킴"(의인들)의 위치에서 "예솨르 다레크"(올곧은 길)을 걸어가는 사람입니다.

> "불의한 자는 의인에게 미움을 받고 바르게 행하는 자는 악인에게 미움을 받느니라"(잠 29:27)

예수 그리스도의 공로(의)를 전가받은 하나님의 자녀는 예수 그리스도 안에서 "예솨르 다레크"(올곧은 길)인 바른 교리와 바른 예배와 바른 교회법에 순종하며 사는 사람입니다.

그러므로 성삼위 하나님의 은혜로 지체들과 더불어 함께 "예솨르 다레크"(올곧은 길)를 따라 걸어가며 하나님을 영화롭게 하는 우리 모두가 되기를 기도합니다.

잠언 30장 1~6절

> "하나님의 말씀은 다 순전하며 하나님은 그를 의지하는 자의 방패시니라"(잠 30:5, 개역개정판)
>
> "하나님의 모든 말씀은 정제된 것이다. 그분께서는 자기에게로 피하고 있는 자들에게는 방패이시다"(잠 30:5, 원문직역)

잠언 30장은 지혜의 사람인 아굴의 잠언입니다.

하나님께서 아굴을 가지시고 가르치시는 하나님의 자녀는?

첫째, 하나님 앞에서 자신의 무지를 고백하는 사람입니다.

"이 말씀은 야게의 아들 아굴의 잠언이니 그가 이디엘 곧 이디엘과 우갈에게 이른 것이니라 나는 다른 사람에게 비하면 짐승이라 내게는 사람의 총명이 있지 아니하니라"(잠 30:1~2)

둘째, 생명의 지식인 "호크마"(지혜)와 하나님을 아는 "다아트"(지식)의 목마름으로 가득찬 사람입니다.

"나는 지혜를 배우지 못하였고 또 거룩하신 자를 아는 지식이 없거니와"(잠 30:3)

셋째, 창조주이신 삼위일체 하나님과 구속주이신 예수 그리스도를 날마다 알아가는 사람입니다.

"하늘에 올라갔다가 내려온 자가 누구인지, 바람을 그 장중에 모은 자가 누구인지, 물을 옷에 싼 자가 누구인지, 땅의 모든 끝을 정한 자가 누구인지, 그의 이름이 무

엇인지, 그의 아들의 이름이 무엇인지 너는 아느냐"(잠 30:4)

넷째, 절대적이고 객관적이며 종결된 신령한 하나님 말씀을 믿는 사람입니다.

"하나님의 말씀은 다 순전하며"(잠 30:5상)

다섯째, "아도나이 마켄"(방패이신 여호와)을 믿는 사람입니다.
"하나님은 그를 의지하는 자의 방패시니라"(잠 30:5하)

여섯째, 성령님의 은혜로 하나님 말씀을 올곧게 깨닫고 올곧게 적용하고 올곧게 전파하는 사람입니다.

"너는 그의 말씀에 더하지 말라 그가 너를 책망하시겠고 너는 거짓말하는 자가 될까 두려우니라"(잠 30:6)

일곱째, 무익한 말과 거짓말을 멀리하는 사람입니다.

"내가 두 가지 일을 주께 구하였사오니 내가 죽기 전에 내게 거절하지 마시옵소서 곧 헛된 것과 거짓말을 내게서 멀리 하옵시며"(잠 30:7~8상)

여덟째, 날마다 주시는 일용할 양식과 하나님께서 정하신 분배적 은총으로 살아가는 사람입니다.

"나를 가난하게도 마옵시고 부하게도 마옵시고 오직 필요한 양식으로 나를 먹이시옵소서 혹 내가 배불러서 하나님을 모른다 여호와가 누구냐 할까 하오며 혹 내가 가난하여 도둑질하고 내 하나님의 이름을 욕되게 할까 두려워함이니이다"(잠 30:8하~9)

예수 그리스도의 공로(의)를 전가받은 하나님의 자녀는 날마다 창조주이신 삼위일체 하나님과 구속주이신 예수 그리스도를 성령님의 은혜로 기록된 계시인 성경을 통하여 날마다 알아가는 사람입니다.

> "영생은 곧 유일하신 참 하나님과 그가 보내신 자 예수 그리스도를 아는 것이니이다"(요 17:3)

그러므로 성삼위 하나님의 은혜로 창조주이신 삼위일체 하나님과 구속주이신 예수 그리스도를 날마다 알아가며 하나님을 영화롭게 하는 우리 모두가 되기를 기도합니다.

잠언 30장 7~14절

> "곧 헛된 것과 거짓말을 내게서 멀리 하옵시며 나를 가난하게도 마옵시고 부하게도 마옵시고 오직 필요한 양식으로 나를 먹이시옵소서"(잠 30:8, 개역개정판)
>
> "가치없는 무의미한 말과 거짓말을 당신께서는 저로부터 멀리하게 하옵소서. 당신께서는 제게 가난과 부요함을 주지 마옵소서. 당신께서는 제 분량의 양식만 떼어 주옵소서"(잠 30:8, 원문직역)

잠언 30장은 지혜의 사람인 아굴의 잠언입니다.

하나님께서 아굴을 가지시고 가르치시는 하나님의 자녀는?

첫째, 가치없는 무의미한 말과 거짓말을 하지 않기 위하여 기도하는 사람입니다.

> "내가 두 가지 일을 주께 구하였사오니 내가 죽기 전에 내게 거절하지 마시옵소서 곧 헛된 것과 거짓말을 내게서 멀리 하옵시며"(잠 30:7~8상)

둘째, 하나님께서 주시는 일용한 양식과 하나님께서 정해주신 분배적 은혜대로 살도록 기도하는 사람입니다.

> "나를 가난하게도 마옵시고 부하게도 마옵시고 오직 필요한 양식으로 나를 먹이시옵소서 혹 내가 배불러서 하나님을 모른다 여호와가 누구냐 할까 하오며 혹 내가 가난하여 도둑질하고 내 하나님의 이름을 욕되게 할까 두려워함이니이다"(잠 30:8하~9)

셋째, 연약한 자를 긍휼히 여기고 비방하지 않는 사람입니다.

"너는 종을 그의 상전에게 비방하지 말라 그가 너를 저주하겠고 너는 죄책을 당할까 두려우니라"(잠 30:10)

넷째, 부모를 공경하는 사람입니다.
"아비를 저주하며 어미를 축복하지 아니하는 무리가 있느니라"(잠 30:11)

다섯째, 자신 스스로 깨끗하게 여기고 자신의 더러움을 씻지 않는 바리새인과 같은 위선과 외식의 사람이 아닙니다.
"스스로 깨끗한 자로 여기면서도 자기의 더러운 것을 씻지 아니하는 무리가 있느니라"(잠 30:12)

여섯째, 자아도취에 빠진 교만한 눈과 다른 사람보다 자신을 높게 여기는 거만한 눈꺼풀을 가진 사람이 아닙니다.
"눈이 심히 높으며 눈꺼풀이 높이 들린 무리가 있느니라"(잠 30:13)

일곱째, 자신의 이익가치를 추구하기 위하여 가난하고 궁핍한 사람들을 잔인하게 착취하는 사람이 아닙니다.
"앞니는 장검 같고 어금니는 군도 같아서 가난한 자를 땅에서 삼키며 궁핍한 자를 사람 중에서 삼키는 무리가 있느니라"(잠 30:14)

예수 그리스도의 공로(의)를 전가받은 하나님의 자녀는 겸손한 위치에서 사는 사람입니다.
"교만은 패망의 선봉이요 거만한 마음은 넘어짐의 앞잡이니라"(잠 16:18)

그러므로 성삼위 하나님의 은혜로 겸손의 위치에서 살아가며 하나님을 영화롭게 하는 우리 모두가 되기를 기도합니다.

잠언 30장 15~33절

> "거머리에게는 두 딸이 있어 다오 다오 하느니라 족한 줄을 알지 못하여 족하다 하지 아니하는 것 서넛이 있나니"(잠 30:15, 개역개정판)
>
> "거머리에게는 달라 달라 하는 두 딸이 있다. 셋째는 결코 만족하지 않다고 한다. 넷째는 결코 충분하다고 말하지 않는다"(잠 30:15, 원문직역)

잠언 30장은 지혜의 사람인 아굴의 잠언입니다.

하나님께서 아굴을 가지시고 가르치시는 하나님의 자녀는?

첫째, "싸륵스"(육체의 소욕)인 "에피뒤미아"(욕심, 욕망)와 "플레오넥시아"(탐심)을 날마다 십자가에 못박고 성령님과 말씀을 따라 사는 사람입니다.

"거머리에게는 두 딸이 있어 다오 다오 하느니라 족한 줄을 알지 못하여 족하다 하지 아니하는 것 서넛이 있나니 곧 스올과 아이 배지 못하는 태와 물로 채울 수 없는 땅과 족하다 하지 아니하는 불이니라"(잠 30:15~16)

둘째, 부모를 공경하는 사람입니다.

"아비를 조롱하며 어미 순종하기를 싫어하는 자의 눈은 골짜기의 까마귀에게 쪼이고 독수리 새끼에게 먹히리라"(잠 30:17)

셋째, 하나님 앞에서 자신의 은밀한 죄를 고백하고 회개하는 사람입니다.

"내가 심히 기이히 여기고도 깨닫지 못하는 것 서넛이 있나니 곧 공중에 날아다니는 독수리의 자취와 반석 위로 기어 다니는 뱀의 자취와 바다로 지나다니는 배의 자취와 남자가 여자와 함께 한 자취며 음녀의 자취도 그러하니라 그가 먹고 그의 입을 씻음 같이 말하기를 내가 악을 행하지 아니하였다 하느니라"(잠 30:18~20)

넷째, 하나님께서 세우시고 정하신 질서와 절도에 순종하는 사람입니다.

"세상을 진동시키며 세상이 견딜 수 없게 하는 것 서넛이 있나니 곧 종이 임금된 것과 미련한 자가 음식으로 배부른 것과 미움 받는 여자가 시집 간 것과 여종이 주모를 이은 것이니라"(잠 30:21~23)

다섯째, 연약해도 하나님께서 깨닫게 하시는 지혜와 능력으로 살아가는 사람입니다.

"땅에 작고도 가장 지혜로운 것 넷이 있나니 곧 힘이 없는 종류로되 먹을 것을 여름에 준비하는 개미와 약한 종류로되 집을 바위 사이에 짓는 사반과 임금이 없으되 다 떼를 지어 나아가는 메뚜기와 손에 잡힐 만하여도 왕궁에 있는 도마뱀이니라"(잠 30:24~28)

여섯째, 강하고 담대하며 솔선수범하고 선두에서서 섬기는 사람입니다.

"잘 걸으며 위풍 있게 다니는 것 서넛이 있나니 곧 짐승 중에 가장 강하여 아무 짐승 앞에서도 물러가지 아니하는 사자와 사냥개와 숫염소와 및 당할 수 없는 왕이니라"(잠 30:29~31)

일곱째, 연약해서 자신을 높이는 미련한 행동과 악을 계획했다고 할지라도 잘못을 깨닫고 멈출 줄 아는 사람입니다.

"만일 네가 미련하여 스스로 높은 체하였거나 혹 악한 일을 도모하였거든 네 손으로 입을 막으라"(잠 30:32)

여덟째, 혈기와 분노를 날마다 십자가에 못박고 성령님과 말씀을 따라 자신을 다스리는 사람입니다.

> "대저 젖을 저으면 엉긴 젖이 되고 코를 비틀면 피가 나는 것 같이 노를 격동하면 다툼이 남이니라"(잠 30:33)

예수 그리스도의 공로(의)를 전가받은 하나님의 자녀는 성령님과 말씀을 따라 살아가는 사람입니다.

> "형제들아 너희가 자유를 위하여 부르심을 입었으나 그러나 그 자유로 육체의 기회를 삼지 말고 오직 사랑으로 서로 종 노릇 하라 온 율법은 네 이웃 사랑하기를 네 자신 같이 하라 하신 한 말씀에서 이루어졌나니 만일 서로 물고 먹으면 피차 멸망할까 조심하라 내가 이르노니 너희는 성령을 따라 행하라 그리하면 육체의 욕심을 이루지 아니하리라"(갈 5:13~16)

그러므로 성삼위 하나님의 은혜로 성령님과 말씀 따라 살아가며 하나님을 영화롭게 하는 우리 모두가 되기를 기도합니다.

잠언 31장 1~9절

> "너는 입을 열어 공의로 재판하여 곤고한 자와 궁핍한 자를 신원할지니라"(잠 31:9, 개역개정판)
>
> "너는 너의 입을 열어라. 너는 의롭게 재판하라. 그리고 너는 가난한 자와 궁핍한 자를 변호하라"(잠 31:9, 원문직역)

잠언 31장은 르우엘 왕이 자기 어머니에게 가르침 받은 지혜의 말씀입니다.

하나님 아버지의 부성적 사랑과 성령 하나님의 은혜로 예수 그리스도의 공로(의)를 전가받고 생명의 지식인 "호크마"(지혜)를 따라 살아가고 있는 하나님의 자녀는?

첫째, 언약의 말씀인 진리의 가르침을 소중하게 여기는 사람입니다.
 "르무엘 왕이 말씀한 바 곧 그의 어머니가 그를 훈계한 잠언이라"(잠 31:1)

둘째, 은혜 언약의 은총 가운데 날마다 사는 사람입니다.
 "내 아들아 내가 무엇을 말하랴 내 태에서 난 아들아 내가 무엇을 말하랴 서원대로 얻은 아들아 내가 무엇을 말하랴"(잠 31:2)

셋째, 음욕을 따라 사는 사람이 아닙니다.
 "네 힘을 여자들에게 쓰지 말며 왕들을 멸망시키는 일을 행하지 말지어다"(잠 31:3)

넷째, 술을 마시지 않는 사람입니다.

"르무엘아 포도주를 마시는 것이 왕들에게 마땅하지 아니하고 왕들에게 마땅하지 아니하며 독주를 찾는 것이 주권자들에게 마땅하지 않도다 술을 마시다가 법을 잊어버리고 모든 곤고한 자들의 송사를 굽게 할까 두려우니라 독주는 죽게 된 자에게, 포도주는 마음에 근심하는 자에게 줄지어다 그는 마시고 자기의 빈궁한 것을 잊어버리겠고 다시 자기의 고통을 기억하지 아니하리라"(잠 31:4~7)

다섯째, 연약한 이들을 위하여 의를 행하는 사람입니다.

"너는 말 못하는 자와 모든 고독한 자의 송사를 위하여 입을 열지니라 너는 입을 열어 공의로 재판하여 곤고한 자와 궁핍한 자를 신원할지니라"(잠 31:8~9)

예수 그리스도의 공로(의)를 전가받은 하나님의 자녀는 술 취하지 않고 성령을 충만하게 받는 사람입니다.

"술 취하지 말라 이는 방탕한 것이니 오직 성령으로 충만함을 받으라"(엡 5:18)

그리스도인은 악하고 음란한 세상의 것으로 충만한 사람이 아니라 말씀으로 충만한 사람입니다.

그러므로 성삼위 하나님의 은혜로 성령 충만을 받고 하나님을 영화롭게 하는 우리 모두가 되기를 기도합니다.

잠언 31장 10~16절

> "누가 현숙한 여인을 찾아 얻겠느냐 그의 값은 진주보다 더 하니라"(잠 31:10, 개역개정판)

> "유능한 아내를 누가 찾을 수 있겠는가? 그리고 그 여자의 가치는 진주들보다 귀하다"(잠 31:10, 원문직역)

잠언 31장 10~31절까지의 말씀은 "에쉐트 하일"(유능한 아내)에 대한 말씀입니다.

히브리어 알파벳 22자의 첫 글자를 사용하여 유능한 아내의 속성에 대하여 기록한 말씀입니다.

유능한 아내란 생명의 지식인 "호크마"(지혜)와 은혜 언약의 은총과 하나님을 경외하는 마음을 지니고 있는 교리적 순결과 도덕적 순결의 여인입니다.

유능한 여인은 하나님의 은혜로 만들어지고 하나님의 은혜로 찾아지는 아내입니다.

"누가 현숙한 여인을 찾아 얻겠느냐"(잠 31:10상)

유능한 아내는?

첫째, 진주들보다 소중한 가치가 있는 여인입니다.
"그의 값은 진주보다 더 하니라"(잠 31:10하)

둘째, 남편이 마음으로 신뢰하는 도덕적 행동을 하며 규모있는 살림으로 풍성한 가정이 되게 합니다.
"그런 자의 남편의 마음은 그를 믿나니 산업이 핍절하지 아니하겠으며"(잠 31:11)

셋째, 일평생 남편에게 선을 행하고 악을 행하지 않습니다.
"그런 자는 살아 있는 동안에 그의 남편에게 선을 행하고 악을 행하지 아니하느니라"(잠 31:12)

넷째, 노동의 질서를 따라 손을 놀려 부지런히 일을 합니다.
"그는 양털과 삼을 구하여 부지런히 손으로 일하며"(잠 31:13)

다섯째, 성실하게 먹을 양식을 가져옵니다.
"상인의 배와 같아서 먼 데서 양식을 가져 오며"(잠 31:14)

여섯째, 아침 일찍 일어나 가족들의 음식을 제공하며 여종들에게 할당된 일을 정해줍니다.
"밤이 새기 전에 일어나서 자기 집안 사람들에게 음식을 나누어 주며 여종들에게 일을 정하여 맡기며"(잠 31:15)

일곱째, 합리적인 방법과 도덕적인 방법으로 잉여가치의 재산을 늘려갑니다.
"밭을 살펴 보고 사며 자기의 손으로 번 것을 가지고 포도원을 일구며"(잠 31:16)

유능한 여인은 하나님의 은혜로 만들어지며 하나님의 은혜로 찾아지게 됩니다.

"누가 현숙한 여인을 찾아 얻겠느냐 그의 값은 진주보다 더 하니라"(잠 31:10)

유능한 아내는 모든 그리스도인을 표상합니다.

"아내들이여 자기 남편에게 복종하기를 주께 하듯 하라 이는 남편이 아내의 머리 됨이 그리스도께서 교회의 머리 됨과 같음이니 그가 바로 몸의 구주시니라 그러므로 교회가 그리스도에게 하듯 아내들도 범사에 자기 남편에게 복종할지니라 남편들아 아내 사랑하기를 그리스도께서 교회를 사랑하시고 그 교회를 위하여 자신을 주심 같이 하라"(엡 5:22~25)

그러므로 성삼위 하나님의 은혜로 유능한 아내와 같은 그리스도인이 되어 하나님을 영화롭게 하는 우리 모두가 되기를 기도합니다.

잠언 31장 17~23절

> "자기 집 사람들은 다 홍색 옷을 입었으므로 눈이 와도 그는 자기 집 사람들을 위하여 염려하지 아니하며"(잠 31:21, 개역개정판)

> "그 여자는 눈이 오는 것으로부터 그녀의 집 모든 사람들로 인하여 두려워하지 않는다. 왜냐하면 그녀의 집 안 사람 모두가 자색 옷으로 옷 입혀졌기 때문이다"(잠 31:21, 원문직역)

잠언 31장 10~31절까지의 말씀은 "에쉐트 하일"(유능한 아내)에 대한 말씀입니다.

히브리어 알파벳 22자의 첫 글자를 사용하여 유능한 아내의 속성에 대하여 기록한 말씀입니다.

유능한 아내란 생명의 지식인 "호크마"(지혜)와 은혜 언약의 은총과 하나님을 경외하는 마음을 지니고 있는 교리적 순결과 도덕적 순결의 여인입니다.

유능한 여인은 하나님의 은혜로 만들어지고 하나님의 은혜로 찾아지는 아내입니다.

"누가 현숙한 여인을 찾아 얻겠느냐"(잠 31:10상)

유능한 아내는?

첫째, 마음을 다하고 힘을 다해서 일을 합니다.
 "힘 있게 허리를 묶으며 자기의 팔을 강하게 하며"(잠 31:17)

둘째, 가치 창출의 유익함을 알고 성실하게 일을 합니다.
 "자기의 장사가 잘 되는 줄을 깨닫고 밤에 등불을 끄지 아니하며"(잠 31:18)

셋째, 스스로 일을 합니다.
 "손으로 솜뭉치를 들고 손가락으로 가락을 잡으며"(잠 31:19)

넷째, 가난한 자와 궁핍한 자를 구제하고 사랑을 베풉니다.
 "그는 곤고한 자에게 손을 펴며 궁핍한 자를 위하여 손을 내밀며"(잠 31:20)

다섯째, 가족들의 안녕과 보호를 위해서 옷을 지어 입힙니다.
 "자기 집 사람들은 다 홍색 옷을 입었으므로 눈이 와도 그는 자기 집 사람들을 위하여 염려하지 아니하며"(잠 31:21)

여섯째, 자신을 잘 단장합니다.
 "그는 자기를 위하여 아름다운 이불을 지으며 세마포와 자색 옷을 입으며"(잠 31:22)

일곱째, 남편을 존경받는 자리에 이르게 합니다.
 "그의 남편은 그 땅의 장로들과 함께 성문에 앉으며 사람들의 인정을 받으며"(잠 31:23)

예수 그리스도의 공로(의)를 전가받은 그리스도의 신부인 하나님의 자녀는 하나님 나라의 가치관으로 살아가며 교회의 머리이신 예수 그리스도를 높이고 몸 된 교회의 지체들을 돌보고 사랑하는 사람입니다.

그러므로 성삼위 하나님의 은혜로 성도의 바른 위치에서 살아가며 하나님을 영화롭게 하는 우리 모두가 되기를 기도합니다.

잠언 31장 24~31절

> "고운 것도 거짓되고 아름다운 것도 헛되나 오직 여호와를 경외하는 여자는 칭찬을 받을 것이라"(잠 31:30, 개역개정판)

> "매력도 거짓된 것이고 아름다움도 헛되다. 그러나 여호와를 경외하는 그 여자는 칭찬을 받을 것이다"(잠 31:30, 원문직역)

잠언 31장 10~31절까지의 말씀은 "에쉐트 하일"(유능한 아내)에 대한 말씀입니다.

히브리어 알파벳 22자의 첫 글자를 사용하여 유능한 아내의 속성에 대하여 기록한 말씀입니다.

유능한 아내란 생명의 지식인 "호크마"(지혜)와 은혜 언약의 은총과 하나님을 경외하는 마음을 지니고 있는 교리적 순결과 도덕적 순결의 여인입니다.

유능한 여인은 하나님의 은혜로 만들어지고 하나님의 은혜로 찾아지는 아내입니다.

"누가 현숙한 여인을 찾아 얻겠느냐"(잠 31:10상)

유능한 아내는?

첫째, 가치창출을 위하여 성실하게 일을 합니다.
"그는 베로 옷을 지어 팔며 띠를 만들어 상인들에게 맡기며"(잠 31:24)

둘째, 능력과 존귀의 인격을 덧입고 미래를 기쁨으로 맞이합니다.
"능력과 존귀로 옷을 삼고 후일을 웃으며"(잠 31:25)

셋째, 지혜 안에서 말을 하고 인애의 법으로 가르칩니다.
"입을 열어 지혜를 베풀며 그의 혀로 인애의 법을 말하며"(잠 31:26)

넷째, 집안 일을 두루 살피고 노동의 질서를 따라 부지런히 일을 합니다.
"자기의 집안 일을 보살피고 게을리 얻은 양식을 먹지 아니하나니"(잠 31:27)

다섯째, 자식들에게 칭송을 받습니다.
"그의 자식들은 일어나 감사하며"(잠 31:28상)

여섯째, 남편에게 칭찬을 받습니다.
"그의 남편은 칭찬하기를 덕행 있는 여자가 많으나 그대는 모든 여자보다 뛰어나다 하느니라"(잠 31:28하~29)

일곱째, 여호와를 경외합니다.
"고운 것도 거짓되고 아름다운 것도 헛되나 오직 여호와를 경외하는 여자는 칭찬을 받을 것이라"(잠 31:30)

여덟째, 큰 칭찬과 손의 열매를 받게 됩니다.
"그 손의 열매가 그에게로 돌아갈 것이요 그 행한 일로 말미암아 성문에서 칭찬을

받으리라"(잠 31:31)

예수 그리스도의 공로(의)를 전가받은 그리스도의 신부인 하나님의 자녀는 하나님을 경외하고 더불어 함께 지어져가는 지체들에게 사랑과 존경을 받으며 교회의 머리와 신랑이신 예수님에게 칭찬을 받는 사람입니다.

그러므로 성삼위 하나님의 은혜로 지혜로운 그리스도의 신부의 위치에서 살아가며 하나님을 영화롭게 하는 우리 모두가 되기를 기도합니다.

이 책의 출판소식에 전해온 찬사들

강대춘 은퇴목사

본인이 저자를 알고 교제하기는 1981년 합신(5회)에 입학하면서부터 41년, 오늘에 이르렀기에 저자의 학문과 인품과 성격상 많은 독자들도 한 번 빠지면 나올 수 없는 블랙홀이 되리라 생각한다. 저자는 성경주석가이다. 성경주석에 필요한 조직신학과 교회사와 교회법과 원문의 해박한 지식과 경건이 있다.

김선일 목사 | 본이되는교회 원로

저자가 평소에 성경을 원문으로 직역하고 간단히 주석한 것을 이메일로 보내주어 받게 되었습니다. 그것은 성경내용을 명확하게 파악할 수 있게 했습니다. 거기에 달아놓은 핵심내용은 구속사적이요 철저히 하나님께만 의존하는 말씀중심의 신앙이요 성경과 하나님께서 말씀하시고자 하시는 핵심내용을 드러내어 크게 유익하였습니다.

고형근 목사 | 큰사랑교회

성경을 연구하는 작업은 즐겁고 행복하면서도 힘든 작업입니다. 김상수 목사님은 원문을 읽고, 직역하면서, 그 결과물을 평소에 카톡을 통해서 나눔을 하셨습니다. 성경을 성경으로 해석하려고 하셨으며, 무엇보다 성삼위 하나님을 드러내려고 애를 쓰셨습니다. 하나님께서 크게 기뻐하실 일이라고 여겨집니다.

김광수 목사 | 밀알교회 원로

제가 잘 알고 있는 김상수 목사님은 오직 성경에서만 이 해답을 찾고 영적으로 성령이 충만한 가운데에서 모든 사람들에게 소망을 주십니다. 그러기에 이 책을 통해 주님의 참된 제자로 교회를 섬기며 신앙생활을 훌륭하게 하도록 큰 힘이 되는 지침서가 될 것입니다. 독자에게 영혼을 깨울 수 있기를 기대하며 기도드립니다.

김광욱 목사 | 한샘교회

이 책은 누구나 접할 수 있도록 간단하고 쉬운 것 같으면서도 설교자에게는 귀한 영감을 성도에게는 넘치는 은혜를 신학연구자에게는 귀한 연구 자료를 제공할 보고가 될 것입니다.

김기일 장로 | 캡스톤 주님의교회, 국제 CBMC 부이사장 토론토

매일, 아침마다 대하는 목사님의 묵상은 대할 때마다 아름답고 맑은 영혼의 편지 같습니다. 이 시대에 다시 쓰여 지는 솔로몬의 묵상, 생명의 글들이 영혼들을 일깨워 주고 사랑하는 주님과 손잡고 살아가고자 하시는 모든 분들에게 영원한 사랑의 편지가 되시기를 바랍니다.

김상균 목사 | 제자된교회

성경 원문에 담긴 오묘한 교훈들을 성령의 지혜를 구하는 가운데 한 절, 한 절 연구하며 기록한 말씀들은 마치 성경의 깊은 우물에서 지금 막 길어 퍼 올린 생수와 같다는 느낌이다. 목회 35년, 평생 복음 메시지를 증거 해 온 저자가 깊은 연구와 묵상을 통해 감추인 보배를 찾는 듯(잠 2:4) 교훈을 담았기에 더욱 울림이 있다.

김조이 선교사 | 아프리카 말라위

서 있는 것만으로도 치열한 영적 전투현장에서, 히브리어와 헬라어 원어에 충실하게 깊이깊이 내린 우물물 두레박처럼 길어 올리신 생명수 말씀을 말라위까지 보내 주셔서 '지꼬모=감사합니다'. 그 생수를 선교현장에 고스란히 흘려보내며, 진리 예수 그리스도를 힘차게 전할 수 있었습니다. 모든 영광 하나님께. Soli Deo Glatia.

김태준 원로목사 | 중동교회

김상수 목사의 말씀을 묵상은 읽을수록 성경을 이해하고 말씀사역에 힘이 되며 유익함을 누린다. 말씀의 본래의 뜻을 정확히 알 수 있도록 원어의 의미를 담아내며, 문맥을 따라 핵심이 되는 내용을 질서 있게 정리해 주고 있다. 성경본문의 내용 파악을 잘할 수 있도록 해 주고 있다. 여기에 묵상해서 살을 붙이면 훌륭한 설교가 된다. 이 내용을 묶어 책으로 내게 되니 심히 기쁘다.

김형원 목사 | 주님의 교회

김상수 목사님은 성경 말씀을 원문을 통해서 보다 원초적으로 하나님의 뜻을 깨닫고자 매일 연구한 것을 카톡으로 보내 주셨습니다. 아침마다 귀한 연구의 결과를 읽으면서 오직 말씀대로 살리라 다짐했던 목회 초심으로 돌아가곤 하였습니다. 감사합니다.

김호성 목사, 선교사 | 미동부, 뉴욕성시화운동 대표

창조주 하나님을 찬송함이 끊어지며, 하나님과 대면하는 기도조차 끊어지며, 세상이 심히 어두움으로 들어가고 있는 시대에, 김상수 목사님의 매일의 묵상은 우리들의 혼잡한 마음과 영혼이 평안으로 인도되어 잔잔한 호수와 같은 평안을 느끼게 해주며, 쉴만한 물가와 푸른 초장으로 우리들을 인도해 주고 있습니다.

박찬민 목사 | 양주 명성교회

군더더기 없이 간결하고 명쾌한 성경 원문 번역과, 성경 스스로 성경을 해석하게 하는 쉽고도 심오한 성경강해가, 인공조미료를 넣지 않은 순수 자연식품처럼 날 것 그대로 성경의 진미를 맛보게 해주는 이제껏 그 누구도 시도해 보지 않은 신기원의 지평을 연 성경번역 강해서이다.

박형서 선교사 | 한민족고구마나눔운동본부 대표

김상수 목사님은 영혼을 위한 샘물을 길어 섬기시는 교회의 성도와 그리스도 예수 안의 지체들에게 퍼 나르시는 종이십니다. 12년이 넘도록 오대양 육대주로 맑은 영혼의 생수를 하루도 빠짐없이 퍼 나르셨습니다.

주님께서 세우신 성령의 사람, 말씀의 공명 나팔 소리였습니다. 하나님의 마

음을 헤아리며 깊은 말씀의 은혜로 하나님의 이름을 찬양하게 되기를 기도합니다.

방예배 선교사 | 카자흐스탄

선교지에서 날마다 아침을 맞이하며 김상수 목사님의 말씀 묵상을 읽습니다. 메마른 광야 같은 삶의 현장에서 말씀 묵상을 통해 하늘의 은혜를 갈망합니다. 나와 이웃들의 삶 속에 하나님의 말씀이 샘물처럼 흘러 넘쳐 우리 안에 예수님의 생명이 가득하기를 소망합니다.

배현주 목사 | 주교개혁장로교회

이 저서는 김상수 목사님께서 주명교회의 성도들에게 카톡으로 보내는 매일 한 장의 성경을 일목요연하게 정리하였다는 장점이 있다. 그래서 특히 매일 새벽기도를 인도하는 목회자들에게 매우 유익하리라고 본다. 저자가 원문의 분석까지 마치시고 정리한 이 메시지는 즉시 설명할 수 있기 때문이다.

백경진 선교사 | 마다가스카르

매일, 흔들릴 수밖에 없는 환경 속에서 더욱 하나님을 중심으로 성경을 바라보고 또한 하나님의 인류 구원을 향한 그 분의 사랑과 은혜를 체험 할 수 있었습니다. 특히 전반적인 묵상의 내용이 철저하게 하나님의 말씀 중심이라는 점에서 영원히 변치 않으시는 하나님을 알아 가는데 더욱 한걸음 나아갈 수 있었습니다.

손경순 선교사 | 필리핀

2013년부터 오늘까지 아침마다 보내주시는 짧은 묵상의 말씀이 저에게는 매일 매일 새 아침을 여는 밝은 문입니다. 더욱이 그 날의 본문 말씀을 원문으로 직역 해 주셔서 좀 더 이해하기가 쉬웠습니다. 카톡으로 보내 주셔서 소수의 사람만 읽을 수 있었던 묵상의 말씀이 책으로 엮어져 많은 분들이 읽을 수 있다니 감사합니다.

송은근 목사 | 새로남교회

김상수 목사님께서 아침마다 보내주시는 말씀은 사막을 출발하는 첫걸음에 내 영혼에 새벽이슬과 하늘의 만나(Dailly bread)를 주심과 같이 느낍니다. 이 만나를 새벽에 성도들과 나누기도 합니다. 감사합니다.

심성형 선교사 | R국

할렐루야! 하나님의 은혜입니다. 하나의 책은 하나님을 알아가는 징검다리와 같다고 볼 수 있습니다. 작은 강물이 흘러서 큰 바다로 모이는 것처럼 말씀 하나하나 모여 큰 말씀을 이루는 은혜를 경험합니다. 2014년, 이 말씀을 처음 받을 때 생각이 납니다. 개혁주의 입장에서 말씀을 배워야 한다고 가르쳐 주신 김상수 목사님께 감사를 드립니다.

윤여성 목사 | 열린문교회

많은 성도가 이런 목마름을 느끼는 그런 형편 속에 처해 있을 때 '합신'에서 만난 우리 친구 김상수 목사는 개혁주의 신학에 바탕한 계시적 혜안과 해석을 담은 온라인 말씀 사역을 하며 매진해 왔습니다. 저는 처음부터, 이 단톡방의 단골손님으로 오늘까지 큰 혜택을 누려 왔습니다. 그는 폭 넓은 목회의 영지를 확장시키며 수많은 사람들에게 그의 영적 기쁨과 축복을 베풀기에 지치지 않았습니다.

이선상 대표 | 썬디스플레이, 전나사렛형제들신협이사장

언제부터인가 잠언서를 보면서 깊이가 있는 묵상 나눔으로 생각해 보았다. 목사님의 탐구는 한 두 개, 서너 개가 아니라 배 이상의 깊이가 번호로 나열된다. 그것이 원문에 입각하니 저렇게 다채로운 관점을 갖게 되는구나, 이런 생각을 종종 했었다. 한 가지, 한 가지 내용들이 때로는 깊고 넓어서 묵상하는 사람 입장에서는 참 좋은 교보재가 된 듯싶다.

이진희 선교사 | 나이지리아

김상수 목사님의 카톡 큐티는 한 줄기의 맑은 물이 목을 축이는 것 같았습니다. 기본에서 벗어나지 아니하고 차분하게 본문에 충실하게 풀어가는 말씀은 하나님의 마음을 알아 가는데 아름다운 길잡이 역할을 하고 있습니다. 기독교인의 삶을 바르게 훈련하는데 귀한 길잡이라고 사료됩니다.

조평안 선교사 | 베트남

365일 하루도 빼놓지 않고 사모님을 통해 보내주시는 주명교회 김상수 목사님의 아침 큐티는 매일 아침 말씀을 깊이 있게 들여다보게 하며 생각하게 하고 또한 깨닫게 하는 생수와 같고 만나와 같은 젖줄이다. 선교사역에 큰 힘이 된다.

주승규 선교사 | 일본 사와라 그리스도교회

답답하고 어두운 코로나 시대에 시원한 얼음 생수 생명수 넘치는 말씀! 코로나로 인한 팬더믹 속에서 공포에 떠는 모든 이에게 예수 그리스도를 통하여

생명의 빛과 소망과 확신을 공급해 주는 말씀입니다. 항상 말씀과 복음 전파의 열정이 가득하신 저자의 매일 큐티를 읽으며, 일본선교 1퍼센트 벽을 통과하는데 많은 힘이 되고 있습니다.

최동주 목사 | 석천제일교회

저자에게서 진리의 말씀을 원어 중심으로 해석하여 원리를 찾아 적용하시는 연구와 삶은 구도자적 모습을 볼 수 있었다. 매일 보내주시는 김 목사님의 성경석의를 토대로 설교 본분을 점검하여 오류를 찾아냈고 수정 보완하여 설교를 마무리하는 습관이 생겼다. 이렇게 책으로 발간될 수 있는 기회를 주신 것에 하나님께 진심으로 감사를 드린다.

황진호 선교사 | 한태글로벌문화센터 대표

몇 년 전부터 멀리 떨어져 있는 태국에까지 하루도 빠짐없이 매일 아침 카톡으로 김상수 목사님의 큐티를 보내주고 계신다. 목사님의 수고와 헌신으로 하나님의 말씀을 더 깊이 있게 묵상하고 기도하므로 하나님께 더 성숙한 자리로 나아가게 됨을 고백한다. 아울러 아침에 묵상하고 기도한 내용들은 저희 현지 사역자들과 성도들에게 자연스럽게 흘러가게 되어 진심으로 감사드린다. 이 카톡 큐티가 저뿐 아니라 더 많은 선교지와 선교사들에게 축복의 통로로 사용되어지기를 간절히 기원한다.